集客交流産業と国際教育旅行

朝水宗彦

くんぷる

はじめに

　本書は、国内外の教育観光の多様性についてまとめたものである。日本において教育旅行といえば修学旅行が良く知られている。日本における修学旅行は国内だけでも様々な訪問先があるが、訪問先での活動内容も時代とともに変化してきた。さらに、日本から海外への修学旅行も高校を中心に行われるようになり、近年では海外から日本への高校訪問も少なからず見られる。

　現在の教育旅行は、修学旅行だけでなく、語学研修や海外ボランティアなど、様々な形態がある。教育観光のトレンドは時代とともに変化してきたが、送り出し側だけでなく、受け入れ先の事情も変化の要因になり得る。そのため、教育観光のトレンドの変化を学ぶことは、送り出しと受け入れ双方の社会状況や経済構造の変化について理解するきっかけにもなり得る。

　なお、本書は平成27年度に山口大学で開催された教員免許状更新講習の配布資料「教育観光の産業化と体験型修学旅行」が基になっている。元々は高校や中学校等の社会科、地歴科、公民科の教員が対象の資料だったため、本書の出版に際し、学校教育関係者以外の方々にも分かりやすくするため、既刊の論文や報告書等を付け加えた。各章の初出は以下のとおりである。

　第1章～第4章　書きおろし
　第5章　朝水宗彦（2007）「インバウンド産業としての教育」『日本観光研究学会全国大会学術論文集』22，173-176頁　に加筆
　第6章　朝水宗彦（2001）「観光における文化所産の普及プロセス」『日本観光研究学会全国大会研究発表論文集』16，293-294頁　に大幅加筆
　第7章　朝水宗彦（2008）「シンガポールにおける人的移動」『East Asian Forum』23，6-9頁

第8章　朝水宗彦（2010）「非英語圏における英語開講プログラムの発展」『East Asian Forum』26，8-15頁

第9章　朝水宗彦（2015）「山口大学における近年の留学事情とその背景」『East Asian Forum』32，6-9頁

第10章　書きおろし

　このように、修学旅行だけでなく、大学の事例や諸外国の社会事情も付け加えたことにより、より多面的に教育旅行について考察できる。特に、前職の立命館アジア太平洋大学や現職の兼務先である山口大学留学生センターなどの事例は、現在留学や海外研修を考えている大学生や将来大学に進学希望の高校生にとっても、有意義な内容であろう。

　末筆になるが、前作『新版　持続可能な開発と日豪関係』に続き、くんぷるの浪川七五朗氏にはお世話になった。この場を持って感謝の意を表したい。

2016年9月
著者

目次

はじめに 3

第1章　集客交流の多様性
1.1　人の移動に関する基礎的な概念 9
1.2　国際移動 14
1.3　MICEとSIT 17

第2章　日本における旅と観光の移り変わり
2.1　戦前・戦後の旅と観光 23
2.2　アウトバウンド観光の発展 25
2.3　バブル崩壊と国内観光 27
2.4　インバウンド観光の再重視 30
2.5　観光立国への道 33

第3章　日本における教育旅行の変遷
3.1　旅と教育 39
3.2　日本における修学旅行の形成 40
3.3　戦後の修学旅行 41
3.4　海外修学旅行の復活 42
3.5　都市農村交流と体験型修学旅行 43
3.6　日本における教育旅行のインバウンド 44

第4章　日本における国内外の教育旅行
4.1　現在の国内修学旅行先 55
4.2　国内修学旅行の送り出し先の選定基準 57
4.3　海外修学旅行の訪問先 59
4.4　海外修学旅行の送り出しの基準 64

4.5　インバウンド教育旅行 ································· 65

第5章　インバウンド産業としての教育
　　5.1　インバウンド産業の発展 ······················· 69
　　5.2　諸外国における多国籍教育機関 ··········· 70
　　5.3　日本における多国籍教育棟関 ··············· 73
　　5.4　更なる留学生獲得のためのシナリオ ······· 75
　　5.5　インバウンド教育発展のための今後の展望 ····· 78

第6章　オーストラリアにおける人的移動
　　6.1　移民によるオーストラリア社会の多様化 ····· 81
　　6.2　オーストラリアにおける高等教育 ············ 82
　　6.3　オーストラリアにおける観光産業の発展 ····· 83
　　6.4　観光形態の多様化 ······························· 84
　　6.5　インバウンド教育の発展 ······················ 85

第7章　シンガポールにおける人的移動
　　7.1　移民と外国人労働者 ··························· 91
　　7.2　留学と高度人材獲得 ··························· 93
　　7.3　観光における国際関係 ························· 94

第8章　非英語圏における英語開講プログラムの発展
　　8.1　グローバル化と高等教育 ······················ 99
　　8.2　日本における留学生受け入れの概要 ······· 99
　　8.3　英語開講学位コースの地理的分布 ········· 102
　　8.4　英語開講コースに関する今後の展望 ······· 106

第9章　近年の留学事情とその背景
　　9.1　日本からの送り出しの概要 ···················· 111
　　9.2　留学生受け入れの概要 ························· 113

9.3　日本語学習者の重要性 ·· 114

9.4　留学に関する今後の展望 ·· 118

第 10 章　教育旅行に関する文献研究

10.1　修学旅行に関する諸研究 ·· 121

10.2　研修旅行に関する諸研究 ·· 122

10.3　国際ボランティアに関する諸研究 ······························ 123

10.4　留学産業に関する諸研究 ·· 124

索引 ··· 131

第1章

集客交流の多様性

1.1　人の移動に関する基礎的な概念

　本書では、観光や修学旅行、語学研修など、比較的短期の人的移動について扱う。居住地を追われた難民や、居住地から新たな居住地へ移住する移民は基本的に元の居住地に戻る可能性が低い。他方、外国人労働者や行商などは元の居住地と他の地域との往来が多いが、生活のために現金収入等を得る。本書では、これらの様々な移動する人々のうち、一度居住地を離れ、余暇や特別な体験など金銭収入の目的以外で他の地域を訪問し、その後また元の居住地に戻る人々を対象とする。

　本書で用いている「集客」であるが、広い意味で言えば文字通り客が集まってくることである。しかし、これではあまりにも対象が広すぎるので、オリンピックのようなイベントや万博のような博覧会場、観光地、文教施設などへの訪問客を本書では扱う。「交流」はさらに意味が広いが、本書では国際交流や異文化交流、都市農村交流など、人と人との交わりについて扱う。たとえば、日本の都市に住んでいる人が、旅行業者の企画を用い、オーストラリアの農家にファームステイする場合、集客でもあり交流でもある。

　現在世界各地で観光が行われている。しかし、長期の有給休暇を使ったフランスのバカンスとゴールデン・ウィークやお盆、年末年始に旅行者が集中する日本の観光を比べてもすぐにわかるように、国や地域によって観光形態は異なっている。さらに、観光は身近な活動であるため、同じ国であっても年齢や性別等によって異なった定義が考えられる。

　国や地域によって定義が異なれば、観光について厳密な意味での比較ができない。しかも、厳密な比較のためには各国で受け入れられるようなシ

9

ンプルな定義が必要である。日本やオーストラリアのように周りを海で囲まれた国では入国時に統計を取ることが容易であるが、EU諸国のように国境を越えた移動が自由な場合、この方法は困難である。そのため、EU諸国の多くは宿泊時に統計を取る方法が発達した。

たとえば、スペインのマドリッドに本部のあるUNWTO（国連世界観光機関）では、「観光客」（この場合はtourist）を1泊以上1年未満の「訪問者」（この場合はvisitor）と統計上定義している（UNWTO 2008: 10）。日本の観光客の定義では余暇目的を含む場合があるが、UNWTOの統計上の定義では現地で営利活動を行わなければ目的は問われない（図1-1）。つまりコンベンションの参加者や短期のビザ無し語学研修等も統計上は観光客に含まれる。

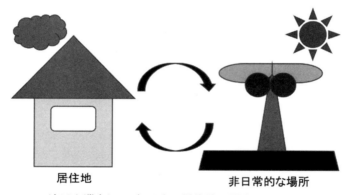

- 1泊以上滞在して1年以内に居住地へ戻る
- 著者作成

図1-1　UNWTOによる観光客の定義

他方、UNWTOの分類方法では、余暇目的であっても、宿泊を伴わない訪問者は「日帰り訪問者」（この場合はsame-day visitorまたはexcursionist）といわれ、統計上は「観光客」と異なったカテゴリーに分けられる（図1-2、資料1-1、資料1-2、資料1-3）。日本語ではしばしば「日帰り観光客」という表現を用い、日本の観光施設の訪問者数の統計に含まれることもあるが、UNWTOの「観光客」の分類方法とは異なっている。

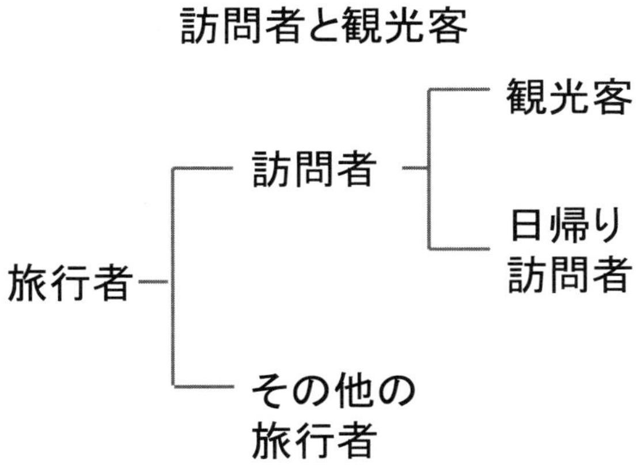

第 1 章　集客交流の多様性

訪問者と観光客

```
                        ┌─── 観光客
              ┌─ 訪問者 ─┤
              │          └─── 日帰り
旅行者 ─┤                    訪問者
              │
              └─ その他の
                 旅行者
```

- ・ 著者作成

図 1-2　UNWTO による訪問者と観光客

資料 1-1. UNWTO による訪問者

訪問者は旅行者のうち日常的な生活環境から 1 年未満離れる者で、ビジネスや余暇、その他個人的な理由など、目的は問わないが、入場した国や地域で雇用されるものは除く。

出典：UNWTO (n.d.) "Understanding Tourism: Basic Glossary", http://media.unwto.org/en/content/understanding-tourism-basic-glossary, 2015 年 9 月 9 日閲覧

資料 1-2. UNWTO による観光客

訪問者は国内、インバウンド、アウトバウンドを問わず、旅行の間に 1 泊以上宿泊すれば観光客、あるいは宿泊者として分類される。

出典：UNWTO (n.d.) "Understanding Tourism: Basic Glossary", http://media.unwto.org/en/content/understanding-tourism-basic-glossary, 2015 年 9 月 9 日閲覧

資料 1-3. UNWTO の日帰り訪問者

訪問者のうち、国内、インバウンド、アウトバウンドを問わないが、旅行中に宿泊を伴わないものを日帰り訪問者、または excursionist と分類する。
出典：UNWTO (n.d.) "Understanding Tourism: Basic Glossary", http://media.unwto.org/en/content/understanding-tourism-basic-glossary, 2015 年 9 月 9 日閲覧

教育旅行の場合、上記の UNWTO の定義の他にも、ビザによって訪問者を統計的に分類する方法がある。たとえば、「留学生」の場合、厳密な定義では、大学や大学院等の学位課程に在籍する、当該国の国籍を有しない外国出身者で、学生ビザを有している者に限定される。学位留学以外の履修で学生ビザが不必要な国もあるので、UNESCO 統計局（UIS）が調査を行っている「留学生」（この場合 internationally mobile student）では、国境を越えた高等教育機関で学ぶ学生のうち、教育目的であっても交換プログラムの参加者は含まない（UNESCO 2014:113）。さらに、外国籍であっても、市民権や永住権を有する場合は留学生としてカウントしない（図 1-3）

外国籍学生と留学生

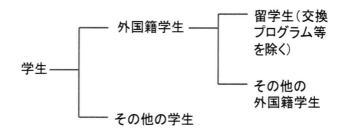

・著者作成

図 1-3　UNESCO による留学生

しかし、教育目的の訪問の場合、国によっては学生ビザを有する者は1年未満でも「留学生」になる場合もある。日本の場合、1995（平成7）年に国立大学が短期留学特別プログラムの制度を導入してから、1年未満の日本滞在であっても、留学ビザを支給する「短期留学」の概念が公的にも広まっていった（小林 2008:121）。さらに、学位課程ではない日本語教育機関で学ぶ外国人も、2009（平成21）年の「出入国管理及び難民認定法」の改正により、翌年から「就学」の在留資格が「留学」に一本化されたため、語学研修であっても長期間の場合は「留学生」として統計がとられるようになった（文部科学省 2016:web）。

他方、これよりも期間の短い語学研修の場合、夏休など数週間程度では学生ビザが不必要なことが多いので、統計上「観光客」として扱われることが多い。さらに期間の短い数日間の海外修学旅行の場合、余暇目的の観光客と同様にビザ無しあるいは観光ビザで訪問することが多いため通常「観光客」として扱われる。一般的には「語学留学」という表現もあるが、上記のように統計上はビザの有無が「留学生」と「観光客」を分けるうえで重要である。

ビザで訪問者を分類する場合、国によっては微妙なカテゴリーもある。たとえば日本人がワーキング・ホリデー・ビザでオーストラリアに滞在する場合、英語力不足のため、就労前に語学学校等で10週間（＝学生ビザが不必要な期間）英語を学ぶことがしばしば見られる。英語研修の後、運が良ければ10週間フルタイムである会社で働き、さらにその会社から期間中に良い給料をもらえば、ビザが切れるまでの数か月間オーストラリア一周旅行を楽しむことも可能である。この場合、現地での教育機会と収入を伴い、複合的な活動ではあるが、ワーキング・ホリデーのカテゴリーが設定されていない場合、統計上は「観光客」に分類される。

1.2　国際移動

近年、中国人観光客の旺盛な購買、いわゆる爆買いが注目されるようになり、インバウンド観光という用語も日常的に使われるようになった。インバウンドという用語自体は観光分野以外でも使われるが、本書では主に入国訪問者を指す。他方、インバウンドの反対はアウトバウンドであるが、本書では主に短期の出国者を扱う（図 1-4）。

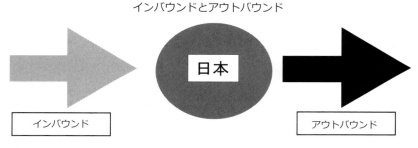

図 1-4　日本におけるインバウンドとアウトバウンド

なお、同じ国際移動であっても、観光客と留学生では移動パターンが異なっている。留学生の場合、同じような学問が他国に無い場合、経済的に可能であれば価格が高くても留学する。あるいは卒業後に良い条件で留学先にて就職が期待できる場合、経済的に多少無理をしてでも留学する。

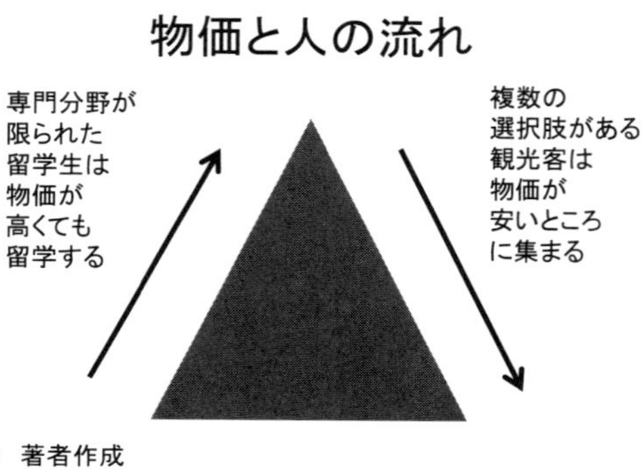

物価と人の流れ

専門分野が限られた留学生は物価が高くても留学する

複数の選択肢がある観光客は物価が安いところに集まる

・著者作成

図 1-5　物価と人の流れの傾向

他方、余暇目的の観光客の場合、同じような条件の観光地が複数あれば価格の安い観光地へ訪問する傾向が高い（図 1-5）。国際観光の基礎であるが、日本の場合、一般的に円安になればインバウンド観光客が増え、円高になればアウトバウンドが増える。円高の時期にインバウンド観光客を呼び込むためには強力な広報活動を行うことや、高くても訪問したくなるような魅力づくりなど、相当の努力が必要である。

　なお、インバウンド観光客は国内の観光客と行動パターンが異なることが多い。このことは、観光産業にとってメリットをもたらす。たとえば、先述のように、日本人観光客はゴールデン・ウィークなど長期休暇に集中することが多い。そのため、長期休暇中のピーク時には交通機関や宿泊施設の価格が高くなっても観光客が集まる（図 1-6、図 1-7）。需要サイドから見れば安く利用できる方が良いが、供給サイドから見ればホテル料金や航空運賃が高い方が望ましい。しかし、日本人観光客が主な対象の観光地で、なおかつ遠隔地に立地する場合、長期休暇の時期以外は高値で供給することは困難である。

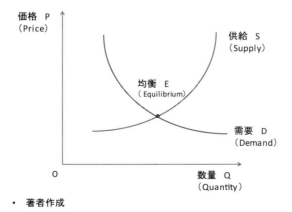

・著者作成

図 1-6　需要曲線と供給曲線

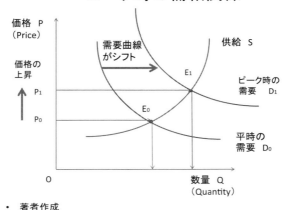

図 1-7 長期休暇中の需給関係

　他方、日本への訪問者が多い中国や韓国、タイ、マレーシアの長期休暇を見ると、それぞれ国によって異なっている（資料 1-4）。日本人観光客が少ない時期にインバウンド観光客をうまく取り入れることは、ピーク時とそれ以外の時期の変動が大きい観光地にとって経営の安定化につながる。

資料 1-4. 2016 年の各国の長期休暇

> **中国の長期休暇**
> ・春節　2月 7-13 日（ただし 14 日は日曜日）
> ・国慶節　10月 1 日-7 日（ただし 8 日は土曜日）
> **韓国の長期休暇**
> ・旧正月（ソルラル）　2月 8-10 日（ただし 7 日は日曜日）
> ・秋夕（チュソク）　9月 14-16 日（ただし 17 日は土曜日）
> **タイの長期休暇**
> ・ソンクラーン　4月 13-15 日（ただし 16 日は土曜日）
> **マレーシアの長期休暇**
> ・Hari Raya Puasa（断食明け）7月 6-8 日（ただし 9 日は土曜日）
> 出典：　JETRO（n.d.）「世界の祝祭日」https://www.jetro.go.jp/biznews/holiday.html, 2016 年 9 月 1 日閲覧

1.3 MICE と SIT

　MICE とは比較的小規模な会議（Meeting）、褒賞（Incentive）旅行、国際会議などの大規模な会議（Congress / Conference）、催し物（Exhibition / Event）の頭文字から作られた用語である。催し物は複数日で開催されることもあるが、比較的短い日数の中で多くの訪問者を集めることができる。

　イベントの訪問者はホテルやレストランなど、その他の観光客と同じ施設を使用する場合がある。そのため、季節変動が大きい観光地では、観光客が少ない時期にイベントを積極的に開催し、ホテル等の稼働率を上げる取り組みが見られる（図1-8、図1-9）。

　国際会議など、コンベンションの場合、仕事目的のための訪問が多いが、労働ビザが不必要なことが多いため、統計上は観光に分類されることが多い。コンベンションの参加は余暇目的ではないが、やはりホテルやレストランなど、余暇目的の観光客と同じ施設を使う場合がある。しかし、国際会議は平日に開催されることが多いので、祝日に観光客が集中しているホテルの場合、コンベンション客との組み合わせによって安定した経営が期待される（図1-10、図1-11）。

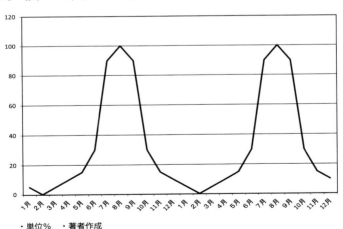

・単位%　・著者作成

図1-8　ビーチリゾートにおける宿泊者数パターンの模式図

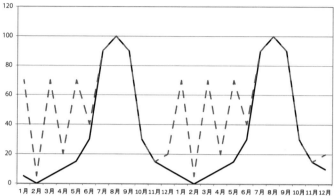

図1-9　ビーチリゾートに複数のイベントを導入した模式図

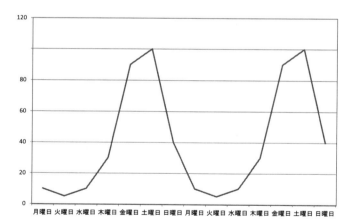

図1-10　曜日変動が大きな観光施設の模式図

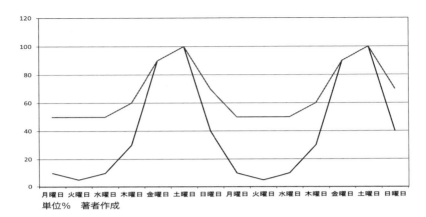

図1-11　曜日変動が大きな施設にコンベンションを導入した模式図

　もちろん、季節変動が大きな観光地にて、余暇目的の観光客の少ない時期にコンベンションを開催することは経営上意義がある。そのため、現在ではニューヨークやロンドンなどの大都市だけでなく、ハワイやラスベガス、モナコなどの観光地でもまた多くのコンベンションが開催されている。

　次に、SITであるが、これは特別な興味を持った人による観光（Special Interest Tour/Tourism）のことである。たとえば、自然環境に興味を持っている人が国立公園のエコツーリズムに参加したり、アニメに興味のある人が作品のモチーフとなった場所で「巡礼」（この場合は宗教目的ではない）を行ったり、基本的には個人で行動することが多い。教育旅行もSITの一種であり、語学研修などは個人で参加することもあるが、修学旅行に関すれば自由行動時間以外は団体行動である。

　なお、SITの参加者の特徴であるが、興味（あるいは趣味）のためにはあまりお金を惜しまない。そのため、一般のツアー客と比べれば一人あたりの消費金額が多い。ただし、公立学校の修学旅行の場合、県や地方自治体によって一人あたりの金額が決められていることが多いので、必ずしも一般のツアー客よりも消費金額が多いとは限らない。

　他方、修学旅行生の受け入れには経済的なメリットがある。まず、実施時期であるが、修学旅行は国際会議のように平日に実施されることが多

い。一般の観光客が少ない時期に修学旅行生を受け入れることができるため、先述のように曜日変動の大きな観光地にとって経営の安定化をもたらす。さらに、修学旅行は学期中に実施されることが多いので、季節変動が大きい観光地で修学旅行生を受け入れることも安定した経営につながる（図1-12）。

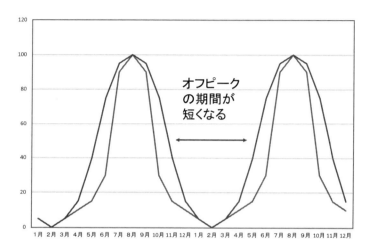

- 単位：%
- 著者作成

図1-12　ビーチリゾートに教育旅行を導入（6月・10月）した模式図

参考文献

JETRO（n.d.）「世界の祝祭日」https://www.jetro.go.jp/biznews/holiday.html, 2016 年 9 月 1 日閲覧

小林明（2008）「留学生の定義に関する比較研究」横田雅弘編『大学等における年間を通じた外国人留学生受入れの実態に関する調査研究』一橋大学, 111-123 頁

文部科学省（2016）「「日本人の海外留学者数」及び「外国人留学生在籍状況調査」等について」http://www.mext.go.jp/a_menu/koutou/ryugaku/1345878.htm, 2016 年 9 月 7 日閲覧

UNESCO (2014) *Higher Education in Asia: Expanding Out, Expanding Up,* United Nations

UNWTO (2008) *International Recommendations for Tourism Statistics,* United Nations

UNWTO (n.d.) "Understanding Tourism: Basic Glossary", http://media.unwto.org/en/content/understanding-tourism-basic-glossary, 2015 年 9 月 9 日閲覧

第2章

日本における旅と観光の移り変わり

2.1 戦前・戦後の旅と観光

　現代の旅において、鉄道や航空機などの大量輸送が可能な交通手段は極めて重要である。日本のお伊勢参りは江戸時代まで徒歩で行われていたが、明治時代に馬車や鉄道が導入されてから日本における旅の形態は大きく変化した。特に1872（明治5）年に新橋-横浜間で開業された鉄道はその後急速に路線を伸ばし、駅弁や修学旅行など、日本独自の旅文化を形成するのに重要な役割を演じた（朝水2014:43）。

　観光において宿泊施設もまた重要である。幕末の1854（安政元）年の日米和親条約締結によりアメリカ領事館が形成され、さらに1858（安政5）年の日米修好通商条約によって横浜、函館、神戸、長崎、新潟が開港され、その周辺に外国人が訪問するようになった。1868（明治元）年には築地に洋式ホテルが建設されている（中村2006:112）。1874（明治7）年になると、国内旅券所持の条件付きではあるが、外国人による日本国内の旅行が認められるようになり、外国人向けのホテルが広まっていった（渡邊2004:72）。1890（明治23）年にはより大型の宿泊施設として帝国ホテルが開業した。外国人向けのホテルは規模の拡大が進むのと共に、時にはゴルフなど海外からスポーツなどの余暇活動も日本にもたらした（朝水2014:42）。

　日本における観光政策は時代とともに大きく変化してきた。たとえば、明治時代の日本はアジアの中では早く工業化が進んだが、欧米諸国との経済的な格差はまだまだ大きかった。経済的あるいは政治的な目的のため、外国人観光客の誘致団体として、東京商工会議所の中に喜賓会が1893（明治26）年に設立された（朝水2014:45）。

　後にJTBグループになるジャパン・ツーリスト・ビューローは1912（明

治45）年に設立されたが、主な業務は欧米諸国からの外国人観光客の受け入れ業務であった（JTB 2015a: web）。ジャパン・ツーリスト・ビューローは外国人観光客のため、1913（大正2）年に神戸と下関に案内所を設置した（JTB 2015b:web）。

　さらに、政府機関として、鉄道省国際観光局が1930（昭和5）年に設立された。同局は外国人観光客のプロモーションや受け入れだけでなく、観光地開発や観光インフラの整備も行った（朝水 2014:45）。

　第二次世界大戦が終わり、戦後復興期の日本もまたインバウンド中心の国際観光が行われていた。戦後間もない1949（昭和24）年には「国際観光事業の助成に関する法律」（昭和二十四年十二月十二日法律第二百五十九号）や「国際ホテル整備法」（昭和二十四年十二月二十四日法律第二百七十九号）、「通訳案内業法」（昭和二十四年六月十五日法律第二百十号）など、インバウンド観光に関わる法律が整備されていった（資料 2-1）。他方、当時の日本からのアウトバウンドは外交や貿易、留学など、目的が限られていた（朝水 2014:52-53）。

資料 2-1 国際観光事業の助成に関する法律の対象

第一条　　政府は、国際観光事業（外国人旅客の観光に関する事業をいう。）を振興するため特に必要があると認めるときは、観光宣伝を実施し、その他観光に関する事業を行う法人であつて営利を目的としないもののうち政令で定めるもの（以下「法人」という。）に対し、予算の範囲内で、その事業の遂行に要する経費の一部を補助することができる。

出典：総務省（n.d.a）「国際観光事業の助成に関する法律」
http://law.e-gov.go.jp/cgi-bin/idxselect.cgi?IDX_OPT=4&H_NAME=&H_NAME_YOMI=%82%a0&H_NO_GENGO=H&H_NO_YEAR=&H_NO_TYPE=2&H_NO_NO=&H_FILE_NAME=S24HO259&H_RYAKU=1&H_CTG=41&H_YOMI_GUN=1&H_CTG_GUN=1, 2016年9月2日閲覧

2.2　アウトバウンド観光の発展

　日本においてアウトバウンド観光が大衆化されたのは 1964（昭和 39）年の東京オリンピックの頃である。東京オリンピックの前年（1963 年）に「観光基本法」（昭和三十八年六月二十日法律第百七号）が制定され、翌年から 1 人 500 ドルの外貨持ち出し制限はあったが海外渡航の自由化が進んだ。

　通常、オリンピックには世界各国から選手や観客が訪れるため、インバウンド観光の整備が行われる。事実、東京オリンピックに向けて東海道新幹線や高速道路、ホテル等の建設が進められた。他方、1964 年の東京オリンピックやソウルオリンピック（1988 年）、北京オリンピック（2008 年）など、急速に経済成長を遂げた国々では、オリンピック時にインバウンドと同時にアウトバウンド政策の整備が進む場合も見られる。

　なお、一部の観光専門家の間では、観光基本法によるアウトバウンドの規制緩和が強調されている。ただし、高度経済成長期とはいえ、当時の日本の外貨保有高は十分ではなかった。そのため、観光基本法の前文からも読み取れるように、インバウンド観光もまた重要であった（資料 2-2）。確かに観光基本法の制定後にアウトバウンド観光は伸びたが、この時期の観光政策の大きな役割とは、インバウンドとアウトバウンドの両方の重要性を視野に入れたことと評価できる。

資料 2-2 観光基本法の前文

> 観光は、国際平和と国民生活の安定を象徴するものであつて、その発達は、恒久の平和と国際社会の相互理解の増進を念願し、健康で文化的な生活を享受しようとするわれらの理想とするところである。また、観光は、国際親善の増進のみならず、国際収支の改善、国民生活の緊張の緩和等国民経済の発展と国民生活の安定向上に寄与するものである。

われらは、このような観光の使命が今後においても変わることなく、民主的で文化的な国家の建設と国際社会における名誉ある地位の保持にとつてきわめて重要な意義を持ち続けると確信する。しかるに、現状をみるに、観光がその使命を達成できるような基盤の整備及び環境の形成はきわめて不十分な状態である。これに加え、近時、所得水準の向上と生活の複雑化を背景とする観光旅行者の著しい増加は、観光に関する国際競争の激化等の事情と相まつて、観光の経済的社会的存立基盤を大きく変化させようとしている。

　このような事態に対処して、特に観光旅行者の利便の増進について適切な配慮を加えつつ、観光に関する諸条件の不備を補正するとともに、わが国の観光の国際競争力を強化することは、国際親善の増進、国民経済の発展及び国民生活の安定向上を図ろうとするわれら国民の解決しなければならない課題である。

　ここに、観光の向かうべき新たなみちを明らかにし、観光に関する政策の目標を示すため、この法律を制定する。

出典：総務省（n.d.b）「観光基本法」http://law.e-gov.go.jp/haishi/
S38HO107.html, 2016年9月2日閲覧

　なお、観光基本法の制定に見られるように、オリンピックのような国際的な大規模イベントは社会的に大きな影響を及ぼす。たとえば、東京オリンピックの開催が決定した1959（昭和34）年には東洋大学にホテル講座が開講している（工藤2015:16）。さらに、観光基本法が制定された1963年には東洋大学短期大学部に観光科が設立され、オリンピック時には多くの学生ボランティアが活躍した（工藤2015:16）。立教大学でも1946（昭和21）年に設立したホテル講座が1961（昭和36）年に観光ホテル講座に改組され、さらに1967（昭和42）年には社会学部に観光学科が設立された（工藤2015:17）。

　バブル経済期になると、日本からのアウトバウンド観光は大きく発展した。バブル経済期の1987（昭和62）年に実施された海外旅行倍増計画、いわゆるテンミリオン計画では、年間1,000万人のアウトバウンド渡航

計画が日本政府によって実施された。テンミリオン計画では、観光を通した国際理解が期待され、外国文化の流入も活性化した。他方、当時は日米貿易摩擦が深刻であり、その解消策として、貿易外収支による調整もまた期待された。しかし、バブル経済の崩壊の伴い、日本におけるアウトバウンドに重点を置いた観光政策は大幅に変化した。

2.3　バブル崩壊と国内観光

なお、バブル期には国内観光も大きく変化した。テンミリオン計画と同年の 1987 年にはいわゆる「リゾート法」(「総合保養地域整備法」(昭和六十二年六月九日法律第七十一号)) が施行され、日本各地に大規模なリゾート施設が設立された (資料 2-3)。しかしながら、バブル経済を前提として建設されたこれらのリゾート施設の多くは、バブルの崩壊後に経営不振に陥り、買収や廃業に追い込まれた。

資料 2-3 リゾート法の目的

第一条　この法律は、良好な自然条件を有する土地を含む相当規模の地域である等の要件を備えた地域について、国民が余暇等を利用して滞在しつつ行うスポーツ、レクリエーション、教養文化活動、休養、集会等の多様な活動に資するための総合的な機能の整備を民間事業者の能力の活用に重点を置きつつ促進する措置を講ずることにより、ゆとりのある国民生活のための利便の増進並びに当該地域及びその周辺の地域の振興を図り、もつて国民の福祉の向上並びに国土及び国民経済の均衡ある発展に寄与することを目的とする。

出典：総務省 (n.d.c)「総合保養地域整備法」http://law.e-gov.go.jp/cgi-bin/idxselect.cgi?IDX_OPT=4&H_NAME=&H_NAME_YOMI=%82%a0&H_NO_GENGO=H&H_NO_YEAR=&H_NO_TYPE=2&H_NO_NO=&H_FILE_NAME=S62HO071&H_RYAKU=1&H_CTG=14&H_YOMI_GUN=1&H_CTG_GUN=1, 2016 年 9 月 2 日閲覧

日本の国内観光はバブル経済崩壊後に大きく変化している。日本における従来のマスツーリズムでは、団体客が大量輸送手段や大規模な宿泊施設を利用し、万人受けする観光地を訪問することが多かった。団体客向けの大規模な施設を建設するためには莫大な初期投資が必要であり、なおかつ大規模な施設を維持するためにもそれ相応のコストがかかる。つまり、成功した時のリターンは大きいが、失敗した時のリスクも大きい。さらに、大規模な観光開発が失敗した場合、債務だけでなく、環境破壊も残される。

　他方、バブル崩壊後の観光開発は比較的リスクが小さく、持続可能なことが特徴的である。たとえば、バブル崩壊直後の 1992（平成 4）年に日本は世界遺産条約を批准したが、この条約は元々文化遺産や自然遺産の保護のために作られたものである。現在では世界遺産に認定されることにより観光客が増加することも考えられるが、文化財や自然景観を観光資源とするため、大規模なリゾート開発よりは初期投資が少なくて済む。

　さらに、1994（平成 6）年に制定された「農山漁村滞在型余暇活動のための基盤整備の促進に関する法律」（平成六年六月二十九日法律第四十六号）いわゆる「グリーンツーリズム法」により、農村観光の開発が全国的に広まった（資料 2-4）。グリーンツーリズム法が施行された翌 1995 年には、農林漁業体験協会による体験民宿の登録が行われるようになった（水上 2002:33）。

資料 2-4 グリーンツーリズム法の目的

第一条　この法律は、農村滞在型余暇活動に資するための機能の整備を促進するための措置等を講ずるとともに、農林漁業体験民宿業について登録制度を実施すること等を通じてその健全な発達を図ることにより、主として都市の住民が余暇を利用して農山漁村に滞在しつつ行う農林漁業の体験その他農林漁業に対する理解を深めるための活動のための基盤の整備を促進し、もってゆとりのある国民生活の確保と農山漁村地域の振興に寄与することを目的とする。

> 出典：総務省 (n.d.d)「農山漁村滞在型余暇活動のための基盤整備の促進に関する法律」http://law.e-gov.go.jp/htmldata/H06/H06HO046.html, 2016年9月2日閲覧

　日本では大分県の旧安心院町（現宇佐市の一部）や岩手県の遠野市、長野県の飯田市などで独自の農村観光が行われていた。しかし、農林水産省や関連機関の後押しもあり、農村での田植えや農産物の収穫、農家民泊などが都市部の住民にとって重要な観光資源になった。

　日本における第1次から第4次までの全国総合開発計画では、地方における定住人口の確保を目指してきた。しかし、21世紀の国土のグランドデザイン（＝第5次全国総合開発計画：1998年策定）では定住人口だけでなく、都市と地方の交流人口の拡大も注目されるようになった。たとえば、平日に都市部で働き、週末に農村部に滞在する場合、定住者としての農村移住よりはハードルが低い。なおかつ元々あった農業の傍ら、農村観光による副収入を得ることもできる。2007（平成19）年に制定された、いわゆる「農山漁村活性化法」（「農山漁村の活性化のための定住等及び地域間交流の促進に関する法律」（平成十九年五月十六日法律第四十八号））では、都市住民と農山漁村との交流による地域活性化が重要視されている（資料2-5）。

資料 2-5 農山漁村活性化法の目的

> 第一条　この法律は、人口の減少、高齢化の進展等により農山漁村の活力が低下していることにかんがみ、農山漁村における定住等及び農山漁村と都市との地域間交流を促進するための措置を講ずることにより、農山漁村の活性化を図ることを目的とする。

出典：総務省（n.d.e）「農山漁村の活性化のための定住等及び地域間交流の促進に関する法律」http://law.e-gov.go.jp/cgi-bin/idxselect. cgi?IDX_OPT=4&H_NAME=&H_NAME_YOMI=%82%a0&H_NO_ GENGO=H&H_NO_YEAR=&H_NO_TYPE=2&H_NO_NO=&H_FILE_ NAME=H19HO048&H_RYAKU=1&H_CTG=14&H_YOMI_GUN=1&H_ CTG_GUN=1, 2016年9月2日閲覧

2.4　インバウンド観光の再重視

　国際観光に話を戻すと、バブル崩壊後の初期のインバウンド政策として、たとえば 1992（平成4）年の観光交流拡大計画、いわゆるツー・ウェイ・ツーリズム 21 がある。当時はバブル崩壊間もない頃であったため、インバウンドの積極的な導入よりも、むしろアウトバウンドとインバウンドの格差の是正が重要であった。

　さらに、バブル崩壊後のインバウンド推進策として、1994（平成6）年に導入された、いわゆる「コンベンション法」（「国際会議等の誘致の促進及び開催の円滑化等による国際観光の推進に関する法律」平成六年六月二十九日法律第百八十一号）が挙げられる（資料2-6）。コンベンション客は余暇目的の観光客と訪問時期が異なることが多いが、他にもいくつかの違いがある。たとえば一般の観光客は自前で旅行を行うが、コンベンション客の場合は勤務先が旅費を支出する場合もあるため、比較的物価が高いところでも参加者が期待できる。さらに、コンベンション客は個人で来訪しても、決められた会場に集合するため、比較的少ない通訳で対応できるメリットもある。

第2章　日本における旅と観光の移り変わり

資料 2-6 コンベンション法の目的

第一条　この法律は、我が国における国際会議等の開催を増加させ、及び国際会議等に伴う観光その他の交流の機会を充実させることが、外国人観光旅客の来訪の促進及び外国人観光旅客と国民との間の交流の促進に資することにかんがみ、国際会議等の誘致を促進し、及びその開催の円滑化を図り、並びに外国人観光旅客の観光の魅力を増進するための措置を講ずることにより、国際観光の振興を図り、もって国際相互理解の増進に寄与することを目的とする。

総務省（n.d.f）「国際会議等の誘致の促進及び開催の円滑化等による国際観光の振興に関する法律」http://law.e-gov.go.jp/htmldata/H06/H06HO079.html,2016年9月2日閲覧

　さらに、1996（平成8）年には訪日観光交流倍増計画、いわゆるウェルカムプラン21が提言された。ウェルカムプラン21では、インバウンドとアウトバウンドの格差是正、つまり国際観光赤字の解消を目指しており、2005年に700万人の外国人旅行者の受け入れ目標が掲げられた。翌1997年には、いわゆる「外客来訪促進法」（「外国人観光旅客の旅行の容易化等の促進による国際観光の振興に関する法律」平成九年六月十八日法律第九十一号）が制定された（資料2-7）。

資料 2-7 外客来訪促進法の目的

第一条　この法律は、外国人観光旅客の来訪を促進することが、我が国固有の文化、歴史等に関する理解及び外国人観光旅客と地域住民との交流を深めることによる我が国に対する理解の増進に資することにかんがみ、外客来訪促進地域の整備及び海外における宣伝、外国人観光旅客の国内における交通、宿泊その他の旅行に要する費用の低廉化、通訳案内その他の外国人観光旅客に対する接遇の向上等の外国人観光旅客の旅行の容易化等を促進するための措置を講ずることにより、国際観光の振興を図り、もって国際相互理解の増進に寄与することを目的とする。

31

> 出典:総務省 (n.d.g)「外国人観光旅客の旅行の容易化等の促進による国際観光の振興に関する法律」http://law.e-gov.go.jp/htmldata/H09/H09HO091.html, 2016年9月2日閲覧

　これらのバブル直後のインバウンド政策だが、コンベンション以外は十分な成果を上げられなかった。その理由の一つとして、為替レートの問題がある。通常、ある国の経済が悪化すればその国の通貨が安くなる。通貨が安くなった国は外国からの訪問者にとってお得感があるため、通常ならばインバウンド観光客が増える。しかし、日本の場合、バブル崩壊後もしばらくは円高が続き、インバウンド客の誘致には不利な状況であった（図2-1）。

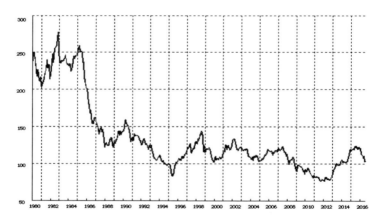

注1: 縦軸は円、横軸は年
注2: Spot Rate at 17:00 in JST, US Dollar/Yen Spot Rate at 17:00 in JST
出　典：Bank of Japan (2016) "Foreign Exchange Rate/Tokyo Market Interbank Rate", https://www.stat-search.boj.or.jp/ssi/mtshtml/m_en.html, 2016年9月1日閲覧

図2-1　円とドルの為替レート (1980-2016年)

他方、不景気にも関わらず、円高の影響もあり、日本からのアウトバウンド観光客は増え続けた。そのため、2000年代初頭の日本では、アウトバウンドがインバウンドを圧倒する状況が続いていた。

円高状態で海外から観光客を誘致するためには、高くても訪問したくなる魅力づくりや強力な広報活動が重要である。そのため、サッカのワールドカップが日韓共同で開催された2002（平成14）年に「グローバル観光戦略」が策定され、翌2003年にビジット・ジャパン・キャンペーン(VJC)が実施された。VJCでは小泉元首相のコマーシャル出演に見られるように、国を挙げてのインバウンド誘致策が行われた。そして、2010年に1,000万人の外国人旅行者の受け入るという目標が掲げられた。

2.5　観光立国への道

現在の観光政策は2006（平成18）年に制定された「観光立国推進基本法」（平成十八年十二月二十日法律第百十七号）が大元になっている（資料2-8）。観光立国基本法は以前の観光基本法を全面的に改組したもので、観光の重要性を再認識したものである。

資料2-8 観光立国基本法の前文

観光は、国際平和と国民生活の安定を象徴するものであって、その持続的な発展は、恒久の平和と国際社会の相互理解の増進を念願し、健康で文化的な生活を享受しようとする我らの理想とするところである。また、観光は、地域経済の活性化、雇用の機会の増大等国民経済のあらゆる領域にわたりその発展に寄与するとともに、健康の増進、潤いのある豊かな生活環境の創造等を通じて国民生活の安定向上に貢献するものであることに加え、国際相互理解を増進するものである。

我らは、このような使命を有する観光が、今後、我が国において世界に例を見ない水準の少子高齢社会の到来と本格的な国際交流の進展が見込まれる中で、地域における創意工夫を生かした主体的な取組を尊重しつつ、地域の住民が誇りと愛着を持つことのできる活力に満ちた地域社会の実現を促進し、我が国固有の文化、歴史等に関する理解を深めるものとしてその意義を一層高めるとともに、豊かな国民生活の実現と国際社会における名誉ある地位の確立に極めて重要な役割を担っていくものと確信する。

　しかるに、現状をみるに、観光がその使命を果たすことができる観光立国の実現に向けた環境の整備は、いまだ不十分な状態である。また、国民のゆとりと安らぎを求める志向の高まり等を背景とした観光旅行者の需要の高度化、少人数による観光旅行の増加等観光旅行の形態の多様化、観光分野における国際競争の一層の激化等の近年の観光をめぐる諸情勢の著しい変化への的確な対応は、十分に行われていない。これに加え、我が国を来訪する外国人観光旅客数等の状況も、国際社会において我が国の占める地位にふさわしいものとはなっていない。

　これらに適切に対処し、地域において国際競争力の高い魅力ある観光地を形成するとともに、観光産業の国際競争力の強化及び観光の振興に寄与する人材の育成、国際観光の振興を図ること等により、観光立国を実現することは、二十一世紀の我が国経済社会の発展のために不可欠な重要課題である。

　ここに、観光立国の実現に関する施策を総合的かつ計画的に推進するため、この法律を制定する。

出典：総務省（n.d.h）「観光立国基本法」http://law.e-gov.go.jp/htmldata/H18/H18HO117.html, 2016年9月2日閲覧

　さらに、観光立国基本法が制定された2年後の2008（平成20）年には観光庁が設立された。日本では戦前に国際観光局が設立された時期もあったが、同庁はそれ以上の政府機関であり、インバウンドの活性化や少子高齢化が進んだ社会での観光による地域づくりなど、様々な課題に取り組んでいる。

　現在の観光は1960年代とは異なり、団体旅行が減少し、個人旅行が主流である。団体旅行が主流だったころは多くの人が共通して楽しめる観光

商品が重要であったが、今では個人や少人数グループによって特別な興味を持たれている観光（Special Interest Tour/Tourism：SIT）が重要である。団体客をたくさん送り出す場合、運輸面での政策が重要であり、鉄道省や運輸省、国土交通省が観光政策を主に担ってきた。しかし、エコツーリズムやグリーンツーリズム、教育観光など、様々な形態の観光に対応するためには各省庁の連携が重要であり、観光庁はそのリエゾン役も演じている。さらに、インバウンドを見ると、「クールジャパン」のように、日本のポピュラーカルチャーや食文化などもまた観光資源として注目されている。

　日本におけるインバウンド観光客は近年急増し、再びアウトバウンドを追い越すようになった（図2-2）。2015年度はインバウンド客が約2000万人になり、その後も増加傾向が続いている。そのため、外国人観光客にとって魅力的な観光地造りや通訳ガイドの育成、多言語標識の整備など、解決すべき課題は多い。

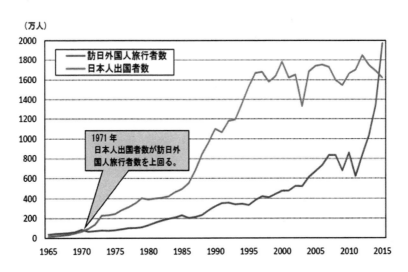

出典：国土交通省『平成28年度版　観光白書』33頁

図2-2　訪日外国人旅行者数と出国日本人数の推移

日本における通訳ガイドの不足は深刻である。団体旅行客が多かった時代は少数の通訳ガイドでも対応可能であったが、個人の外国人旅行者が増えた現在では通訳ガイドの人材不足がしばしば見られる。2020年の東京オリンピックに向けてインバウンド客の増加が見込まれているが、2015（平成27）年の通訳案内士の合格者は2,119人に過ぎない（図2-3）。人材不足の対策として、多言語の標識やパンフレット、翻訳機械などで対応しているが、問題点も少なくない。通訳ガイドの不足と無人案内の欠点を補うために多言語のボランティアガイドが薦められているが、一時的には効果が期待できるものの、長期間持続的にインバウンド客を受け入れるためには有償ガイドの育成が重要である。

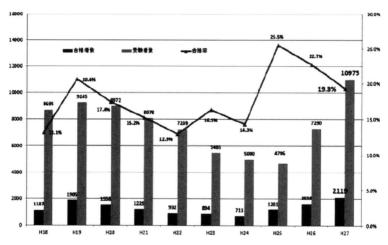

- 出典：国土交通省『平成28年度版　観光白書』87頁

図2-3　通訳案内士試験の受験者数と合格者数

　さらに、言語以外の問題もある。2013年（平成25）にタイからの訪日客がビザ免除の対象になり、マレーシアやインドネシアでも入国の緩和策が行われている。さらに、日本政府観光局（JNTO）の事務所がクアラルンプールやニューデリーなどに増設された。今後のインバウンドのさらなる発展に向け、ハラルやベジタリアンの対策など、言語以外にも様々な課題が残されている。

参考文献

朝水宗彦（2014）『新版　持続可能な開発と日豪関係』くんぷる

Bank of Japan (2016) "Foreign Exchange Rate/Tokyo Market Interbank Rate", https://www.stat-search.boj.or.jp/ssi/mtshtml/m_en.html, 2016 年 9 月 1 日 閲覧

JTB (2015a)「第一回　すべては、外客誘致から始まった」『交流文化クロニクル』http://www.jtbcorp.jp/jp/colors/detail/0061/, 2016 年 9 月 1 日閲覧

JTB（2015b)「第二回　100 年前の訪日観光 PR」『交流文化クロニクル』http://www.jtbcorp.jp/jp/colors/detail/0060/, 2016 年 9 月 1 日閲覧

工藤泰子（2015)「我が国の観光教育機関についての史的研究」『日本国際観光学会論文集』第 22 号 ,13-19 頁

国土交通省（2016）『平成 28 年度版　観光白書』国土交通省

総 務 省（n.d.)「 観 光 立 国 基 本 法 」http://law.e-gov.go.jp/htmldata/H18/ H18HO117.html, 2016 年 9 月 2 日閲覧

水上英徳（2002)「グリーン・ツーリズムにおける法的「規制」の問題」『大分県立芸術文化短期大学研究紀要』40,33-49 頁

中村宏（2006)「戦前における国際観光（外客誘致）政策」『神戸学院法学』36(2),107-133 頁

総務省（n.d.a)「国際観光事業の助成に関する法律」http://law.e-gov.go.jp/cgi-bin/idxselect.cgi?IDX_OPT=4&H_NAME=&H_NAME_YOMI=%82%a0&H_NO_GENGO=H&H_NO_YEAR=&H_NO_TYPE=2&H_NO_NO=&H_FILE_NAME=S24HO259&H_RYAKU=1&H_CTG=41&H_YOMI_GUN=1&H_CTG_GUN=1, 2016 年 9 月 2 日閲覧

総務省（n.d.b)「観光基本法」http://law.e-gov.go.jp/haishi/S38HO107.html, 2016 年 9 月 2 日 閲覧

総 務 省（n.d.c)「 総 合 保 養 地 域 整 備 法 」http://law.e-gov.go.jp/cgi-bin/ idxselect.cgi?IDX_OPT=4&H_NAME=&H_NAME_YOMI=%82%a0&H_NO_GENGO=H&H_NO_YEAR=&H_NO_TYPE=2&H_NO_NO=&H_FILE_NAME=S62HO071&H_RYAKU=1&H_CTG=14&H_YOMI_GUN=1&H_CTG_GUN=1, 2016 年 9 月 2 日閲覧

総務省（n.d.d)「農山漁村滞在型余暇活動のための基盤整備の促進に関する法律」http://law.e-gov.go.jp/htmldata/H06/H06HO046.html, 2016 年 9 月 2 日 閲覧

総務省（n.d.e）「農山漁村の活性化のための定住等及び地域間交流の促進に関する法律」http://law.e-gov.go.jp/cgi-bin/idxselect.cgi?IDX_OPT=4&H_NAME=&H_NAME_YOMI=%82%a0&H_NO_GENGO=H&H_NO_YEAR=&H_NO_TYPE=2&H_NO_NO=&H_FILE_NAME=H19HO048&H_RYAKU=1&H_CTG=14&H_YOMI_GUN=1&H_CTG_GUN=1, 2016 年 9 月 2 日 閲覧

総務省（n.d.f）「国際会議等の誘致の促進及び開催の円滑化等による国際観光の振興に関する法律」http://law.e-gov.go.jp/htmldata/H06/H06HO079.html, 2016 年 9 月 2 日 閲覧

総務省（n.d.g）「外国人観光旅客の旅行の容易化等の促進による国際観光の振興に関する法律」http://law.e-gov.go.jp/htmldata/H09/H09HO091.html, 2016 年 9 月 2 日 閲覧

総務省（n.d.h）「観光立国基本法」http://law.e-gov.go.jp/htmldata/H18/H18HO117.html, 2016 年 9 月 2 日閲覧

渡邉智彦（2004）「近代日本におけるインバウンド政策の展開」『自主研究レポート 2004』67-72 頁

第3章

....

日本における教育旅行の変遷

3.1　旅と教育

　洋の東西を問わず、旅がもたらす教育的な役割は古くから認識されてきた。たとえば、田中と家田（2012）は世界各地の宗教の経典における修業的な旅の意義や哲学書における旅の教育的な役割についてまとめている。さらに、田中と家田は日常生活と旅がもたらす非日常的な経験の関係について述べており、家族と暮らすヨーロッパ中世の貴族の子弟にとって家族から離れて暮らす経験を持つことの重要性について言及している（田中と家田 2012:6-9）。

　ルネサンス期（14-16世紀）のイギリスでは貴族や大商人たちによってグランドツアーが実施され、彼らの多くは当時の先進地域であったイタリアへ旅立った。初期のグランドツアーは貴族が主な対象で、2年かかるものもあり、現在の留学並みの時間と、随行者を雇えるだけの財力が不可欠であった。しかし、後に大商人たちが貴族をまねるようになり、期間も現代の語学研修並みの数か月に短縮された（朝水 2007:39）。ロック（1632-1704年）は教育の仕上げおよび外国語習得の観念から、海外旅行の重要性について述べている（箱石 1996:23）。

　フランスでもまた、多くの哲学者によって教育における旅の重要性が認識されてきた。デカルト（1596-1650年）は「世間（あるいは現代風に翻訳すれば世界）という大きな書物」、つまり実社会を見て歩くことが物事の本質を理解するうえで重要であるとした（箱石 1996:22）。ルソー（1712-78年）は書物に偏った視野の狭い学習の弊害に対し、実践的な立場からの教育旅行の有効性について述べている（箱石 1996:24）。先述の田中と家田によると、グーテンベルク以降の活字メディアの発展により簡単に手に入る情報量が増加したことにより、そのアンチテーゼとして旅を

39

通した直接的な経験の重要性が問われるようになっていた（田中と家田
2012：6）

　日本でも修業的な旅は個別に存在していたが、他方ではお伊勢参りのよ
うな団体旅行も人気が高かった。お伊勢参りは元々信仰のため行われてい
たが、江戸時代になると実質的には余暇目的の要素が強くなった。江戸時
代は武士以外の移動が制限されていたこともあり、農家が教育目的で跡継
ぎをお伊勢参りに参加させることも少なからず行われた（梅川 2011：6）。
しかし、明治時代に近代化が進むと学校単位の組織的な教育旅行として、
修学旅行が独自に形成されていった。他方、伊勢神宮の参拝は次節で述べ
るように、戦前の修学旅行にとって重要な訪問先の一つであった。

3.2　日本における修学旅行の形成

　日本における修学旅行は時代とともに変化してきた。初期の形態では
軍事演習的な要素が強く、交通機関を使用しないものも見られる。たと
えば、東京師範学校（後の筑波大学）が、1886（明治 19）年に千葉県下
で行った長途遠足は徒歩で行われ、11 日間に渡るものであった（JTB：
n.d.a.：web）。当時の社会背景だが、1885（明治 18）年に初代内閣総理
大臣になった伊藤博文はプロイセンの諸制度を日本に導入し、初代文部大
臣に任命された森有礼もまた兵式体操のようにプロイセン式の教育方法を
推進した（JICA 2003：14）。

　やがて、鉄道の普及に伴い、近代的な交通手段を用いた修学旅行も広ま
っていった。1888（明治 21）年には第三高等中学校が奈良へ、翌 1889
（明治 22）年には山梨県女子師範学校が京都へ修学旅行を行った（日本修
学旅行協会 n.d.：web）。

　さらに、明治後期になると、西日本を中心に、海外での修学旅行も見
られるようになった。1901（明治 34）年には岡山県関西高校が成績優秀
者の生徒 8 人をアメリカに 2 か月弱派遣した（日本修学旅行協会 n.d.：
web）。1902（明治 35）年に福岡商業学校（後の市立福岡商業高校）が朝
鮮半島で行った海外訪問は期間が 30 日、1906（明治 39）年に実施され

た山口高等商業学校（後の山口大学）の満鮮修学旅行も31日間であり、当時の海外修学旅行は現在の語学研修並みに長期に及ぶものであった（修学旅行情報センターn.d.a.：web）。同じく1906年には、文部省と陸軍省の共同事業で、全国の中学生を対象とした日露戦争の戦跡訪問を行っている（日本修学旅行協会n.d.：web）。

　このように発展してきた修学旅行であるが、文部省は1940（昭和15）年になると戦時体制下における修学旅行抑制策を行った。しかし、伊勢神宮への修学旅行は「参宮旅行」と称せられ、戦時体制下おいても特例として実施が認められていた（太田2013：5）。伊勢神宮への修学旅行は1939（昭和14）年に220万人とピークに達し、文部省の修学旅行抑制政策下でも続けられ、戦局が悪化していた1943（昭和18）年にも112万人の生徒児童が訪れた（太田2013：25）。

3.3　戦後の修学旅行

　前節のように、第二次世界大戦末期になると修学旅行の実施が困難になったが、戦後になると修学旅行は再び全国的に広まっていった。たとえば1946（昭和21）年には、山口県立厚狭高等女学校、群馬県立高崎商業学校などが米持参で修学旅行を再開している（修学旅行情報センターn.d.b.：web）。

　戦後の混乱期に修学旅行を実施するのは困難を伴う。そのため、これらの修学旅行の需要に応えるため、JTBは1950（昭和25）年に「修学旅行の実態とその在り方」を作成し、1952（昭和27）年には全国組織として日本修学旅行協会が発足した（JTB n.d.a.：web）。

　修学旅行の増加に対し、文部省は1956（昭和31）年に「修学旅行の手引き」を発行した。さらに、1958（昭和33）年に国鉄が修学旅行特別列車の新造を決定し、修学旅行専用列車の「ひので号」（東京発）と「きぼう号」（大阪発）が運行されるようになった（JTB n.d.a.：web）。その後、東海地方の「こまどり号」や福岡県の「とびうめ号」、東北地方の「おもいで号」など、各地で修学旅行特別列車が運行されるようになった（日本修

学旅行協会n.d.：web）。これらの特別列車は 1964（昭和 39）年の東京オリンピック時に新幹線が開業するまで修学旅行生にとって主要な交通手段だった。

3.4　海外修学旅行の復活

　さらに、高度経済成長期を経て、海外への修学旅行も復活した。1969（昭和 44）年には静岡県立焼津水産高校が実習を兼ねて台湾を訪問した（日本修学旅行協会n.d.：web）。一般の修学旅行でも、1972（昭和 47）年には宮崎第一高等学校と近江兄弟社高等学校が韓国旅行を実施している（修学旅行情報センターn.d.b.：web）。近江兄弟社高等学校は 1975（昭和 50）年にはフィリピンでも修学旅行を実施している（日本修学旅行協会n.d.：web）。1983（昭和 58）年には北海道の酪農学園大学付属高校がデンマーク、ドイツ、イタリアを訪問する修学旅行を実施した（日本修学旅行協会n.d：web）。同じく 1983 年には韓国が高校生以下の日本人学生団体向けにビザの免除を行っている（自治体国際化協会 1997:11）。

　公立校でも、1984（昭和 59 年）に福岡県立小倉商業高等学校が韓国へ修学旅行を実施し、1986（昭和 61）年には浦和市立高校が中国への修学旅行を実施した（修学旅行情報センターn.d.c.：web）。

　海外修学旅行の増加には国の政策も大きくかかわっている。学校単位の単発の行事だけでなく、県単位の教育委員会を見ると、バブル期のアウトバウンド政策であるテンミリオン計画が実施された昭和 62（1987）年の公立高校の海外修学旅行は熊本県と長崎県が許可を出していたが、翌年には岡山県、山口県、福岡県、鹿児島県、沖縄県、佐賀県および政令指定都市の福岡市が許可した（修学旅行情報センターn.d.c.：web）。

　さらに、修学旅行の増加には、受け入れ国の状況も大きく関係する。たとえば、中国の場合、1989（平成元）年の天安門事件の時に日本からの修学旅行のキャンセルが相次いだが、2002（平成 14）年の日本人修学旅行生に対するビザ免除は受け入れ増加につながった（日本修学旅行協会n.d.：web）。

3.5　都市農村交流と体験型修学旅行

　日本各地でのグリーンツーリズムの普及に伴い、近年の修学旅行の傾向として、農村部での体験型修学旅行が注目されている。1998（平成9）年に策定された21世紀の国土のグランドデザイン（＝第5次全国総合開発計画）では都市と地方の交流人口の拡大も注目されるようになり、修学旅行でも都市部出身の生徒が農村で自然に触れ合う教育的な意義が認識されるようになった。

　地方の衰退は社会面だけでなく、環境面からも望ましくない。日本の農村や山村は緑豊かであるが、手つかずの自然ではなく、人の手で管理された田畑や人工的に植林された二次林が多い。つまり、これらの環境を維持するためには人間による保全が必要である。さらに、2010（平成21）年の生物多様性条約COP10では「SATOYAMA イニシアティブ」により里山（二次的な自然や生態系）における生物多様性が高く評価された。

　ただし、過疎化と少子高齢化が進む日本の中山間地域では、里山や里海の維持が困難になりつつある。不足する労働力を補うため、2003（平成14）年に林野庁による「緑の雇用」、2009（平成20）年に総務省による「地域おこし協力隊」が導入された。しかし、これらの人材は適性や任期などが問題になりうる場合もあり、長期的に定住人口を維持できる保証はない。

　体験型修学旅行における農家民泊の場合、都市部の中学校や高校からの希望は年々増えつつある。しかしながら地方における受け入れ農家の数には限りがあり、なおかつ高齢化によって受け入れを継続できない場合も少なくない。そのため、単独の地方自治体だけでなく、山口県の岩国市と周南市など、隣接する市町村が共同で修学旅行生を民泊させるケースが見られるようになってきた。

　全国的な傾向に戻ると、農家に宿泊する民泊で有名な安心院の場合、2000年代の初頭まで一般の観光客が多かった。しかし、農家民泊について教育現場でも知られるようになり、2000年代中旬からは体験型修学旅行などの教育旅行が多数を占めるようになっている（図3-1）。

43

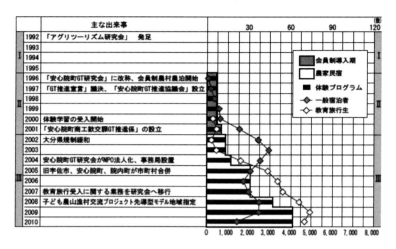

出典：松村直紀（2012）「宿泊形態とプログラム整備過程に着目した体験型教育旅行の受入実態に関する研究」『2012年度日本建築学会大会学術講演梗概集（東海）』131-132頁

図 3-1　安心院における農家民泊

3.6　日本における教育旅行のインバウンド

　他方、日本側の受け入れであるが、1995（平成7）年に韓国の公州市の韓一高校の学生228名が3泊4日で九州を訪問している（自治体国際化協会 1997:18）。2003（平成15）年にビジット・ジャパン・キャンペーンが実施された翌2004（平成16）年に日本政府は韓国と中国、台湾からの修学旅行生に対するビザ免除を行った（日本修学旅行協会 n.d.：web）。

　さらに2005（平成17）年には、国土交通省や文部科学省、農林水産省、業界団体などで構成された訪日旅行の促進と受け入れについての委員会が発足した（日本修学旅行協会 n.d.a：web）。国土交通省は長年日本の観光政策を担ってきたが、教育旅行では学校間の交流も想定されているので、文部科学省の役割も大きい。農林水産省は前節のように農村体験型の修学旅行の普及に取り組んでおり、国内だけでなく、インバウンドにも事業を拡大しつつある。

第3章　日本における教育旅行の変遷

　政府の取り組み以外にも、各地にてインバウンド教育旅行の取り組みが見られる。たとえば、長崎県小値賀町は田舎体験型の民泊への延べ宿泊者数は2006年に442人だったものが、アメリカ人の教育旅行者を受け入れるようになった2007年には1239人、2008年には1976人へと急増した（田代2011:88）。小値賀町はアメリカの民間教育団体「ピープル・トゥ・ピープル」による教育旅行プログラムの満足度調査にて、2007年、2008年の2年連続で、世界1位の評価を受けている（JTB n.d.b.：web）。

　地方における教育旅行の中には大規模なものも見られる。たとえば、山口県では2015（平成27）年に第23回世界スカウトジャンボリーを実施し、7月28日から8月8日のわずかな期間に、世界155国・地域から3万4,000人のスカウトや関係者を受け入れた（Scout Association of Japan n.d.：web）。世界スカウトジャンボリーは1920（大正9）年にイギリスで第1回大会が開催されて以来、オリンピックと同様に4年ごとに開催されている（文部科学省2015:17）。

　第23回世界スカウトジャンボリーの開催地となった山口県には2015年当時は国際線の定期便がなく、新幹線が停まる新山口駅からシャトルバスが運行された（図3-2）。山口県は元々外国人観光客が少なかったため、通訳案内士が足りず、大学生を含む語学ボランティアが通訳やアテンドなどの補助を行った。

　インバウンド教育観光の拡大に伴い、近年ではJNTO（日本政府観光局）が台湾やシンガポール、マレーシア、オーストラリア、アメリカなど、世界各地で教育旅行に関する積極的なプロモーション活動を実施し、韓国や中国、台湾の関係者については日本への招へい事業も行っている。なお、前章で述べた訪日ビザの緩和に見られるように、近年では東南アジアからのインバウンド客が注目されている。そのため、JNTOは2014（平成26）年にマレーシアにおいて教育旅行に関する市場調査もまた行っている（表3-1）。さらに、JNTOは2016（平成28）年に訪日教育旅行のサイトを立ち上げ、外国人教育旅行者の更なる獲得を目指している（JNTO 2016:web）。

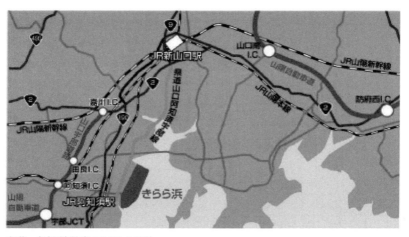

出典:文部科学省 2015:26頁

図 3-2　世界スカウトジャンボリーの会場

表 3-1.　JNTO によるインバウンド教育旅行のプロモーション

市場	年度	日時場所	事業名	種類	イベント名称	場所	日本側参加団体数※「名」と入っているものは人数	現地側参加団体数※「名」と入っているものは人数
韓国	平成26年度	2014/8/17-20	教育旅行引率者向け安全研修プログラム（→韓国青少年連盟実施事業をVJ事業の対象として支援）	①招請	2014 教育旅行引率者向け安全研修プログラム	広島・下関	-	教師 52名 連盟総長 1名 韓国青少年連盟職員・青少年指導員 32名 メディア 3名

46

第３章　日本における教育旅行の変遷

市場	年度	日時場所	事業名	種類	イベント名称	場所	日本側参加団体数 ※「名」と入っているものは人数	現地側参加団体数 ※「名」と入っているものは人数
中国	平成25年度	2013/11/11月-16土	平成25年度中国市場における教育旅行関係者招請事業	①招請	-	千葉・東京・長野・愛知・京都・大阪	-	政府関係者4名学校関係者37名旅行会社9名（北京・ハルビン・西安・上海近郊・広東）
中国	平成26年度	2014/12/8月-13土	平成26年度中国市場における教育旅行関係者招請事業	①招請	日中教育旅行セミナー	北海道・東京	政府機関3名地方自治体37名宿泊施設9名商業施設5名旅行会社等10名メディア2名	政府関係者1名学校関係者9名旅行会社2名（深セン・広州・香港等）
台湾	平成24年度	2012/6/13水（台北）14木（台中）15金（高雄）	平成24年度台湾における訪日教育旅行促進事業	②セミナー・商談会	日台教育旅行説明会	台北・台中・高雄	地方自治体42学校1宿泊施設6商業施設1旅行会社等4	いずれも学校関係者）6/13水台北54名6/14木台中68名6/15金高雄59名
台湾	平成24年度	2012/9/28金	平成24年度台湾における訪日教育旅行促進事業	①招請	平成24年度第1回日台教育旅行交流座談会	東京	政府機関9地方自治体69学校24	教育旅行関係者79名

市場	年度	日時場所	事業名	種類	イベント名称	場所	日本側参加団体数 ※「名」と入っているものは人数	現地側参加団体数 ※「名」と入っているものは人数
台湾	平成25年度	2013/9/23 月 13:00-16:00（台北）24 火 13:00-16:00（台中）25 水 13:00-16:00（高雄）	平成25年度台湾における訪日教育旅行促進事業	②セミナー・商談会	日台教育旅行説明会	台北・台中・高雄	地方自治体41	（いずれも学校関係者）9/23 水台北71名 9/24 木台中74名 9/25 金高雄84名
台湾	平成25年度	2013/11/8 金 -13 水	平成25年度台湾における訪日教育旅行促進事業	①招請	日台教育旅行交流座談会	東京	政府・観光機関2地方自治体40学校6	招請学校関係者76名
台湾	平成26年度	2014/6/3 火 13:00-17:00（台北）4 水 13:00-17:00（台中）5 木 13:00-17:00（高雄）	平成26年度台湾における訪日教育旅行促進事業	②セミナー・商談会	日台教育旅行説明会	台北・台中・高雄	政府・観光機関1地方自治体36	（いずれも学校関係者）6/3 火：台北73名 6/4 水：台中80名 6/5 木：高雄71名
台湾	平成26年度	2014/12/11 木 -16	平成26年度台湾における訪日教育旅行促進事業	①招請	日台教育旅行交流座談会	東京	政府・観光機関15名地方自治体75名学校14名	学校関係者85名

第3章　日本における教育旅行の変遷

市場	年度	日時場所	事業名	種類	イベント名称	場所	日本側参加団体数 ※「名」と入っているものは人数	現地側参加団体数 ※「名」と入っているものは人数
シンガポール	平成25年度	2014/1/17 金	Japan Educational School Trip Seminar 2014	②セミナー・商談会	Japan Educational School Trip Seminar 2014	シンガポール	地方自治体9	政府機関1団体2名 大使館1館1名 学校関係者26校41名 旅行会社14社41名 航空会社3社6名 メディア3社4名
シンガポール	平成26年度	2014/9/1 月 14:00-19:00	平成26年度シンガポールにおける旅行博出展、教育セミナー・商談会開催共同広告宣伝事業	②セミナー・商談会	Japan Educational School Trip Seminar 2014	シンガポール	地方自治体16 宿泊施設5 商業施設1	学校関係者23校50名 旅行会社11社19名 航空会社4社6名
シンガポール	平成26年度補正	2015/7/27 月 15:00-18:00	教育旅行セミナー・商談会	②セミナー・商談会	教育旅行セミナー・商談会	シンガポール	地方自治体7 宿泊施設3 旅行会社・運輸等5	政府機関1名 学校関係者25名 旅行会社28名

49

市場	年度	日時場所	事業名	種類	イベント名称	場所	日本側参加団体数 ※「名」と入っているものは人数	現地側参加団体数 ※「名」と入っているものは人数
マレーシア	平成25年度	2013/9/10 火 10:15-12:00	平成25年度マレーシアにおけるセミナー・商談会開催事業	②セミナー・商談会	2013 Visit Japan Travel Trade Meet in Malaysia	クアラルンプール	地方自治体9 宿泊施設6 旅行会社等5 商業施設2	学校関係者9校14名 旅行会社32社49名 エアライン3社7名 メディア5社9名
マレーシア	平成26年度	2014年6月-2015年2月	平成26年度マレーシアにおける市場情報収集・現地旅行会社への情報提供等事業	③調査・分析		クアラルンプール・ペナン・コタキナバル・ジョホールバル	-	-
マレーシア	平成26年度	2015/3/16 月 9:30-13:00	平成26年度マレーシアにおける旅行博出展及び共同広告実施等訪日旅行促進事業	②セミナー・商談会	MATTA Fair Kuala Lumpur2015（3月期）Japan Educational School Trip Seminar 2015	クアラルンプール	地方自治体13名 商業施設5名 旅行会社等1名	学校関係者20社27名 旅行会社4社8名
豪州	平成24年度	2012/5/18 金 17:30-20:15	平成24年度豪州市場における商談会等開催事業	②セミナー・商談会	教育旅行セミナー	メルボルン	地方自治体7 宿泊施設1	31名

第３章　日本における教育旅行の変遷

市場	年度	日時場所	事業名	種類	イベント名称	場所	日本側参加団体数 ※「名」と入っているものは人数	現地側参加団体数 ※「名」と入っているものは人数
豪州	平成25年度	2013/7/23 火 17:00-20:15	平成25年度豪州における訪日旅行促進事業	②セミナー・商談会	2013年教育旅行セミナー（ゴールドコースト）	ゴールドコースト	地方自治体8 商業施設1	学校関係43名 旅行会社5名 現地ホールセラー5 政府機関1
豪州	平成26年度	2014/10/28 火 18:30-21:30	平成26年度豪州における訪日旅行促進事業	②セミナー・商談会	訪日・教育旅行セミナー（パース）	パース	地方自治体3 商業施設1	学校関係者6 旅行会社20 エアライン2 メディア1
豪州	平成26年度	2014/10/30 木 18:30-22:15	平成26年度豪州における訪日旅行促進事業	②セミナー・商談会	教育旅行セミナー（シドニー）	シドニー	地方自治体6 商業施設1	学校関係者35 旅行会社7 エアライン2 メディア2
豪州	平成26年度補正	2015/6/11 木 17:30-	豪州における広告宣伝、セミナー・商談会開催等事業	②セミナー・商談会	2015年訪日教育旅行セミナー（メルボルン）	メルボルン	地方自治体4 商業施設1	学校関係者34名 ホールセラー7名 メディア2名

51

市場	年度	日時場所	事業名	種類	イベント名称	場所	日本側参加団体数 ※「名」と入っているものは人数	現地側参加団体数 ※「名」と入っているものは人数
米国	平成25年度	2013/11/22金-24日	平成25年度米国における旅行博出展等実施事業 American Council on The Teaching of Foreign Languages 2013<ACTFL>	②セミナー・商談会	2013 ACTFL Annual Convention and World Languages Expo	オーランド（フロリダ州）	政府関係1 地方自治体3 学校関係者2	・全体入場者数（3日間）5,723名 ・日本語教育者入場者数283名 ・出展団体数251団体
米国	平成26年度	2014/11/21金-23日	平成26年度旅行博出展・セミナー・商談会実施事業 American Council on The Teaching of Foreign Languages 2014<ACTFL>	②セミナー・商談会	2014 ACTFL Annual Convention and World Languages Expo	サンアントニオ（テキサス州）	地方自治体1 学校関係者3 旅行会社2	・全体入場者数（3日間）5,723名 ・日本語教育者入場者数283名 ・出展団体数251団体

出典:JNTO（n.d.）「JNTOの訪日教育旅行プロモーション」http://education.jnto.go.jp/jpn/promotional_record.html, 2016年9月12日閲覧

参考文献

朝水宗彦（2007）『開発と環境保護の国際比較』嵯峨野書院

箱石匡行（1996）「修学旅行と人間形成」『岩手大学教育学部附属教育実践研究指導センター研究紀要』6,19-30 頁

JICA（2003）『日本の教育経験　途上国の教育開発を考える』JICA

自治体国際化協会（1997）『日韓修学旅行の現状と今後の課題について』自治体国際化協会

JNTO（2016）「訪日教育旅行」http://education.jnto.go.jp/index.html, 2016 年 9 月 12 日閲覧

JTB（n.d.a）「第五回　旅から、未来をつくる ~JTB グループの教育事業 ~」『JTB 交流文化クロニクル』http://www.jtbcorp.jp/jp/colors/detail/0063/, 2016 年 9 月 4 日閲覧

JTB（n.d.b）「小さな離島の未来への挑戦！」https://www.jtb.co.jp/chiikikoryu/koryubunkasho/04/bunka_01.asp, 2016 年 9 月 12 日閲覧

松村直紀（2012）「宿泊形態とプログラム整備過程に着目した体験型教育旅行の受入実態に関する研究」『日本建築学会大会学術講演梗概集（東海）』131-132 頁

文部科学省（2015）「第 23 回世界スカウトジャンボリー」『文部科学広報』186,16-26 頁

文部科学省初等中等教育局国際教育課（2014）『平成 25 年度高等学校等における国際交流等の状況について』文科省

日本修学旅行協会（n.d.）「修学旅行の歴史」http://www.jstb.or.jp/publics/index/15/, 2016 年 9 月 6 日閲覧

太田孝（2013）『昭和前半期における修学旅行と旅行文化』横浜市立大学大学院都市社会文化研究科博士論文

Scout Association of Japan（n.d.）「世界ジャンボリーとは」http://www.23wsj.jp/whatsjamboree.html, 2016 年 9 月 12 日閲覧日

修学旅行情報センター（n.d.a.）「明治時代の修学旅行の意義」http://shugakuryoko.com/museum/rekishi/museum4000-02.pdf, 2016 年 9 月 6 日閲覧

修学旅行情報センター（n.d.b.）「戦後の修学旅行の年表」（昭和 20 年―平成 2 年）http://shugakuryoko.com/museum/rekishi/museum4000-08.pdf,2016 年 9 月 6 日閲覧

修学旅行情報センター（n.d.c.）「国際化時代の幕開けと海外修学旅行」http://shugakuryoko.com/museum/rekishi/museum4000-06.pdf, 2016 年 9 月 6 日 閲覧

田中佑典、家田仁（2012）「旅のもつ人づくりの上の意義」『旅の意味と可能性を探る研究会講演録』5,http://www.trip.t.u-tokyo.ac.jp/tabikenkyukai/Lecture_Note05-1.pdf, 2016 年 9 月 12 日閲覧

田代雅彦（2011）「条件不利地におけるツーリズム事業の発展要因」『経済論究』139,77-98 頁

寺倉憲一（2009）「留学生受け入れの意義」『レファレンス』平成 21 年 3 月号 ,51-72 頁

梅川智也（2011）「お伊勢参りと式年遷宮から日本人の旅を考える」『旅の意味と可能性を探る研究会講演録』2,http://www.trip.t.u-tokyo.ac.jp/tabikenkyukai/Lecture_Note02.pdf, 2016 年 9 月 12 日 閲覧

第4章

日本における国内外の教育旅行

4.1 現在の国内修学旅行先

　修学旅行といえば京都や奈良などが代表的な訪問先としてよく知られている。しかし、中学校や高校における修学旅行先は地元から比較的離れた場所であるため、様々な選択肢が考えられる。ただし、京都の高校が京都を修学旅行先に選んだり、東京の中学校の生徒が東京へ修学旅行に行ったりすることはあまり想定できない。

　全国修学旅行研究協会によると、東京都を除く関東、東海、近畿の間で中学生の修学旅行先が大きく異なる（資料4-1、図4-1、図4-2、図4-3）。関東から関西への訪問は多いが、東海からは関東への訪問が多い。近畿からは関東だけでなく、九州や沖縄など様々な地域に訪問先が分散している。

　さらに、訪問先は急に変化する場合がある。平成23年度は東日本大震災の影響で、他地域から関東地方への訪問者が激減した。逆に、東海から関西、近畿から九州への訪問者は平成23年度に急増したが、平成24年にはほぼ例年並みの数値に戻っている。

資料 4-1 資調査対象

公益財団法人全国修学旅行研究協会（H26 調査）

調査対象

関東5県（茨城・栃木・群馬・埼玉・千葉）の公立中学校

東海3県（愛知・三重・岐阜）の公立中学校（但し、愛知県は県中学校長会
　　調査データを使用）

近畿2府4県（滋賀・京都・奈良・大阪・兵庫・和歌山）の公立中学校

調査の時期　平成26年7月〜11月

回答状況

	関東	東海	近畿	合計
調査校数	1,362	756	1,013	3,131
回答数	1,223	751	964	2,938
回答率	89.8%	99.3%	95.2%	93.8%

出典：公益財団法人全国修学旅行研究協会（2015）『平成26年度研究調査報告』2頁

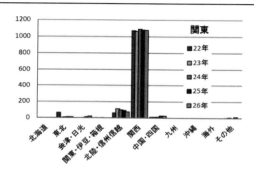

出典：公益財団法人全国修学旅行研究協会（2015）『平成26年度研究調査報告』4頁

図 4-1　関東地方からの中学校修学旅行先

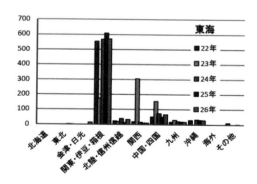

出典：公益財団法人全国修学旅行研究協会（2015）『平成26年度研究調査報告』4頁

図 4-2　東海地方からの中学校修学旅行先

第 4 章　日本における国内外の教育旅行

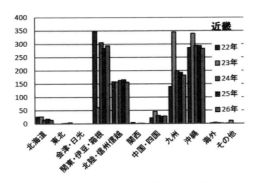

出典：公益財団法人全国修学旅行研究協会（2015）
『平成 26 年度研究調査報告』4 頁

図 4-3　近畿地方からの中学校修学旅行先

4.2　国内修学旅行の送り出し先の選定基準

　私立校の場合は修学旅行先を柔軟に選ぶことができるが、公立校の場合、県や政令指定都市により、修学旅行の送り出しの基準が異なっている。各学校の修学旅行の担当者が修学旅行先を選定する際にこれらの基準を知っておくことはもちろんだが、新たに修学旅行を誘致する側もプロモートする相手を絞り込むうえで事前に調べておく必要がある。

　たとえば、国内旅行の場合、東京都の公立校の修学旅行の送り出し基準を見ると、小学校が日帰りなのが特徴的である。中学校は 72 時間以内、高校は 96 時間であり、比較的短時間である（表 4-1）。

表 4-1　東京都の修学旅行送り出し基準（国内）

校種		日数	旅行費用	実施学年	実施許可基準	旅行方面	引率教職員
小	普	日帰り	規定なし	第 6 学年	原則として全員参加	区市町村の基準による	区市町村の基準による
中	普	72 時間以内	保護者の負担過重を避ける	第 3 学年	原則として全員参加	区市町村の基準による	区市町村の基準による

57

都立中学校及び中等教育学校前期課程		原則、中学校に同じ					
高等学校及び中等教育学校後期課程	普	96時間以内	国内79,800円以内（税込）	第2学年9月以降 第3学年9月以降	原則として全員参加	規定なし	学校長の判断による
	定						

出典：公益財団法人全国修学旅行研究協会（2015）『平成26年度全国都道府県並びに政令指定都市 修学旅行実施基準概要』62頁

大阪市の場合、小学校の時間制限は東京都より緩い。しかし、小学校は近畿か中国、中学校は関東から九州までというように、修学旅行に行ける地域が限定されている（表4-2）。

表4-2　大阪市の修学旅行送り出し基準

校種		日数	旅行費用	実施学年	実施許可基準	旅行方面	引率教職員
小	普	36時間程度	15,000円程度	第6学年	原則として全員参加	近畿・中国地区内	学級数×1.5+2
中	普	60時間以内（夜行便利用）72時間以内）	保護者の過重な負担にならない範囲 50,000円程度とする	規定なし	原則として全員参加	東…関東 西…九州方面までを原則とする	学級数×1.5+2
高	普	4泊5日以内	72,000円程度	規定なし	原則として全員参加	規定なし	学級数×1.5+2
	定						

出典：公益財団法人全国修学旅行研究協会（2015）『平成26年度全国都道府県並びに政令指定都市 修学旅行実施基準概要』72頁

第4章　日本における国内外の教育旅行

　地方の事例として山口県からの修学旅行を挙げると、中学校の修学旅行先が関西以西であり、大阪市と同様に地域制限がかけられている（表4-3）。

表4-3　山口県の修学旅行送り出し基準

校種		日数	旅行費用	実施学年	実施許可基準	旅行方面	引率教職員
小	普	市町教育委員会の定める基準					
中	普						
県立中学校及び中等教育学校前期課程		2泊3日以内	40,000円以内	定めはないが実態として3年	全員参加が望ましい	関西以西	高等学校に同じ
高等学校及び中等教育学校後期課程	普	5泊6日以内	目的に必要とされる適正な額	定めはないが実態として2年実態として3,4年	80%以上	特に定めない	30人までは2名、30人を超えるときは（生徒数-30）÷30+2より算出した人数1人未満の端数を生じたときは1人に切り上げるただし特殊事情は考慮する
	定						

出典：公益財団法人全国修学旅行研究協会（2015）『平成26年度全国都道府県並びに政令指定都市　修学旅行実施基準概要』67頁

4.3　海外修学旅行の訪問先

　海外修学旅行は一部の私立中学校で行われているが、公立校の場合高校から実施している場合が多い。高校の場合でも、公立校より私立校の海外修学旅行の実施率が高い。2003年にはSARSの影響も見られたが、それ以降は横ばいで推移している（図4-4）。その後2009年には新型インフルエンザ（H1N1）、2015年にはMERSの韓国拡大などがあり、伝染病の発生は修学旅行の実施に大きく影響する。

　主な訪問国を見ると、平成15年度の時点では、オセアニアや北アメリカなど、英語圏が多かった（図4-5）。

59

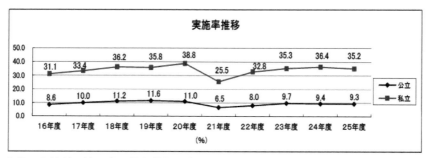

出典：公益財団法人全国修学旅行研究協会（2014）『平成２５年度（2013）全国公私立高等学校海外修学旅行・海外研修（修学旅行外）実施状況調査報告』3頁

図 4-4　高等学校海外修学旅行の実施率

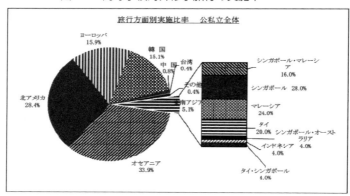

出典：公益財団法人全国修学旅行研究協会（2004）『平成 15 年度全国公私立高等学校海外（国内）修学旅行・海外研修実施状況調査報告』http://shugakuryoko.com/chosa/kaigai/index.html, 2015 年 10 月 8 日閲覧

図 4-5　平成 15 年度の海外訪問先

　公立高校では北アメリカ、韓国、オセアニアの順であるが、私立高校ではオセアニア、北アメリカの後にヨーロッパが続いている（図 4-6）。
　近年では韓国が激減し、オーストラリアやハワイなども減少または横ばいの状態が続いている。他方、シンガポールやマレーシア東南アジアへの訪問者の増加が著しい（表 4-4）。

60

第 4 章　日本における国内外の教育旅行

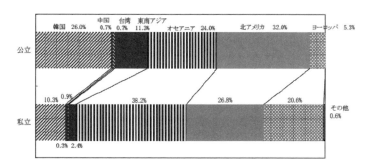

出典：公益財団法人全国修学旅行研究協会（2004）『平成 15 年度全国公私立高等学校海外（国内）修学旅行・海外研修実施状況調査報告』http://shugakuryoko.com/chosa/kaigai/index.html, 2015 年 10 月 8 日閲覧

図 4-6　平成 15 年度の公立・私立別海外訪問先

表 4-4　主な海外訪問国（公立・私立合計）

年度 国・地域	平成23年度			平成24年度			平成25年度		
	都道府県数	校数	人数	都道府県数	校数	人数	都道府県数	校数	人数
シンガポール	35	129	18,753	41	141	19,914	41	145	20,968
台 湾	24	73	12,759	36	106	16,584	39	138	20,734
マレーシア	30	106	16,115	35	131	19,773	32	133	20,139
グアム	23	66	9,356	29	88	12,280	28	101	15,257
オーストラリア	28	131	19,887	36	121	16,599	34	114	14,778
韓 国	36	167	21,633	40	172	21,486	40	112	12,637
ハワイ	31	82	9,972	31	77	9,679	27	74	10,090
アメリカ本土	18	57	5,009	24	56	6,299	20	57	7,052
カナダ	20	42	5,769	22	42	5,819	19	43	6,493
フランス	19	46	5,388	25	51	6,030	23	55	6,406

出典：公益財団法人全国修学旅行研究協会（2014）『平成２５年度（2013）全国公私立高等学校海外修学旅行・海外研修（修学旅行外）実施状況調査報告』4 頁

　公立校の場合、近場の台湾の後に、マレーシアが続いているが、両国ともいわゆる親日家が多いことで知られている（表 4-5）。
　私立校の場合、シンガポールの後にオーストラリアが続いているが、前者が増加傾向であるのに対し、後者は減少傾向である（表 4-6）。いずれ

61

も英語圏であるが、オーストラリアの方が割高であるため、コスト面でシンガポールが増加している可能性がある。

　現在の海外修学旅行は主に航空機を使うため、定説では成田や関空など

表4-5　公立校の主な海外訪問先

年度 国・地域	平成23年度			平成24年度			平成25年度		
	都道府県数	校数	人数	都道府県数	校数	人数	都道府県数	校数	人数
台　湾	18	38	7,815	25	61	11,310	29	79	13,648
マレーシア	24	61	9,303	24	68	10,708	24	71	11,211
グアム	16	35	5,441	17	41	7,163	19	53	9,374
シンガポール	27	58	8,518	27	55	7,675	29	58	8,263
韓　国	29	91	12,387	29	89	11,118	20	55	6,182
オーストラリア	17	28	3,226	12	22	2,606	12	18	2,600
ハワイ	10	21	2,542	10	18	1,967	8	17	2,415
中　国	15	46	5,298	5	13	1,581	5	7	1,081
ベトナム	1	1	155	1	1	27	1	4	821
カナダ	7	8	795	6	7	652	5	6	641

出典：公益財団法人全国修学旅行研究協会（2014）『平成２５年度（2013）全国公私立高等学校海外修学旅行・海外研修（修学旅行外）実施状況調査報告』4頁

表4-6　私立校の主な海外訪問先

年度 国・地域	平成23年度			平成24年度			平成25年度		
	都道府県数	校数	人数	都道府県数	校数	人数	都道府県数	校数	人数
シンガポール	29	71	10,235	35	86	12,239	33	87	12,705
オーストラリア	25	103	16,661	30	99	13,993	29	96	12,178
マレーシア	24	45	6,812	32	63	9,065	26	62	8,928
ハワイ	28	61	7,430	26	59	7,712	25	57	7,675
台　湾	24	35	4,944	31	45	5,274	31	59	7,086
アメリカ本土	14	34	4,026	21	42	5,728	19	46	6,604
韓　国	36	76	9,246	38	83	10,368	36	57	6,455
グアム	22	31	3,915	25	47	5,117	25	48	5,883
カナダ	20	34	4,974	20	35	5,167	18	37	5,852
フランス	20	38	4,733	23	44	5,456	23	50	5,830

出典：公益財団法人全国修学旅行研究協会（2014）『平成２５年度（2013）全国公私立高等学校海外修学旅行・海外研修（修学旅行外）実施状況調査報告』4頁

　へのアクセスが重要であるといわれる。しかし、平成25年の県別の海外修学旅行の実施率を見ると、愛媛県の公立高校や山梨県の私立高校などが

62

第 4 章　日本における国内外の教育旅行

高くなっており、必ずしも海外へのアクセスが良好な都市部の実施率が高いわけではない（図 4-7）。

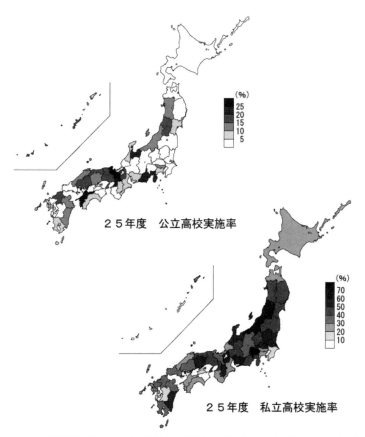

出典：公益財団法人全国修学旅行研究協会（2014）『平成２５年度（2013）全国公私立高等学校海外修学旅行・海外研修（修学旅行外）実施状況調査報告』3 頁

図 4-7　海外修学旅行の県別実施率

4.4 海外修学旅行の送り出しの基準

　国内と同様に、私立校の場合は海外修学旅行先を柔軟に選ぶことができるが、公立校の場合、県や政令指定都市により、修学旅行の送り出しの基準が異なっている。したがって、公立校の場合、送り出しの基準によって参加の有無や参加先が限定される。

　たとえば、東京都の場合、96時間以内で予算も95,000円以内なので、ヨーロッパなど遠方の国々は困難であろう（資料4-2）。

資料4-2 東京都の海外送り出し基準

・96時間以内
・95,000円以内（税込）
　燃油特別付加運賃を除く
　①普通科は、第2学年9月以降の実施
　②定時制は、第3学年9月以降の実施
・治安、衛生、交通機関などの状況が良好であり、修学旅行のねらいが達成できる地域
・実施校は、「都立高等学校海外修学旅行実施要綱」及び「海外修学旅行実施ガイドライン」の要件を満たす学校とする。

出典：公益財団法人全国修学旅行研究協会（2015）『平成26年度全国都道府県並びに政令指定都市 修学旅行実施基準概要』56頁

　大阪市の場合、時間は東京都と同程度だが、訪問国によって予算が異なっている。実施1年前に協議を行わなければならないが、中国への訪問に関しては東京より実施しやすいのではなかろうか（資料4-3）。

第4章 日本における国内外の教育旅行

資料4-3 大阪市の海外送り出し基準

・4泊5日以内
　中国120,000円程度
　韓国90,000円程度
・中華人民共和国・大韓民国
・実施1年前に協議。姉妹校交流等

出典：公益財団法人全国修学旅行研究協会（2015）『平成26年度全国都道府県並びに政令指定都市 修学旅行実施基準概要』59頁

　なお、海外修学旅行に対する緩い基準があっても、必ずしも参加校が増えるわけではない。たとえば山口県の場合、相当条件が緩い（資料4-4）。しかし平成25年度の場合、先述の県別参加率では全国的に見るときわめて低かった。

資料4-4 山口県の海外送り出し基準

・5泊6日以内
・目的に必要とされる適正な額
・実施時期：定めはないが実態として2年

出典：公益財団法人全国修学旅行研究協会（2015）『平成26年度全国都道府県並びに政令指定都市 修学旅行実施基準概要』57頁

4.5　インバウンド教育旅行

　日本の大学では留学生30万人受け入れ計画が実施されているが、中等教育レベルでも短期間の高校訪問者数の増加が著しい（資料4-5）。ただし、東日本大震災があった平成23年度は大幅に海外からの訪問者数およ

65

び留学生の数が減少している（表 4-7）。

資料 4-1. 学校訪問を伴う外国からの教育旅行の受入れ（平成 25 年度）

　外国からの教育旅行（引率者と生徒で構成される団体等で学校を訪問したものを指し、研修旅行・留学など個人的 なものは除く）を受け入れた高等学校等は、延べ 1315 校（公立 805 校、私立 481 校、国立 29 校）。訪問者の国は 46 か国・地域にわたり、台湾からの訪問者が最も多く、11,382 人、次いで韓国 5,567 人、アメリカ 2,922 人、オーストラリア 2,082 人の順となっている。 訪問者数は延べ 28,663 人（平成 23 年度 15,916 人）で、前回調査より約 80% 増加した。

出典：文部科学省初等中等教育局国際教育課（2014）『平成 25 年度高等学校等における国際交流等の状況について』1 頁

表 4-7　インバウンド教育旅行の推移

	平成 16 年度	平成 18 年度	平成 20 年度	平成 23 年度	平成 25 年度
公立学校数	462	748	959	566	597
私立学校数	335	431	470	295	303
国立学校数	9	6	12	6	9
学校数合計	806	1,185	1,441	867	909
公立生徒数	8,829	19,182	21,765	10,813	18,800
私立生徒数	8,914	11,181	11,850	4,990	9,414
国立生徒数	234	162	145	113	449
生徒数合計	17,977	30,525	33,760	15,916	28,663

出典：文部科学省初等中等教育局国際教育課（2014）『平成 25 年度高等学校等における国際交流等の状況について』33 頁

　なお、日本における留学は高等教育機関だけでなく、中等教育でも受け入れを行っている。平成 25 年度の高等学校の留学生受入数は 1,665 人で、私立校が多数を占めている（資料 4-6）。教育旅行生の受け入れと同様に、留学生の数も平成 23 年に激減している（図 4-8）。

第4章　日本における国内外の教育旅行

資料 4-5 外国人留学生（3か月以上）の受入れ（平成25年度）

> 日本の高等学校が受け入れた外国人留学生は、延べ1,665人（公立449人、私立1,204人、国立12人）（平成23年度1,283人（公立349人、私立925人、国立9人））。留学生の出身国等は48か国・地域となっており、出身国等別に見ると中国が最も多く536人、次いでアメリカ149人、タイ127人、ドイツ109人の順となっている。 なお、受け入れた外国人留学生の数は、平成23年度と比べると約30％増加した。
>
> 出典：文部科学省初等中等教育局国際教育課（2014）『平成25年度高等学校等における国際交流等の状況について』4頁

図 4-8　高校における留学生数の変化

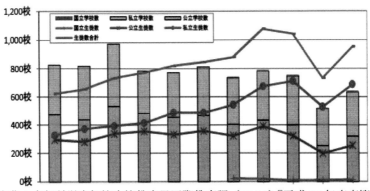

出典：文部科学省初等中等教育局国際教育課（2014）『平成25年度高等学校等における国際交流等の状況について』38頁

参考文献

公益財団法人全国修学旅行研究協会（2015 a）『平成 26 年度研究調査報告』全修協

公益財団法人全国修学旅行研究協会（2015 b）『平成 26 年度全国都道府県並びに政令指定都市 修学旅行実施基準概要』全修協

公益財団法人全国修学旅行研究協会（2014）『平成２５年度（2013）全国公私立高等学校海外修学旅行・海外研修（修学旅行外）実施状況調査報告』全修協

公益財団法人全国修学旅行研究協会（2004）『平成 15 年度全国公私立高等学校海外（国内）修学旅行・海外研修実施状況調査報告』http://shugakuryoko.com/chosa/kaigai/index.html, 2015 年 10 月 8 日閲覧

文部科学省初等中等教育局国際教育課（2014）『平成 25 年度高等学校等における国際交流等の状況について』文科省

第 5 章

インバウンド産業としての教育

5.1　インバウンド産業の発展

　多くの国々にとってインバウンド観光は大きな外貨収入源である。バブル経済期の日本では、1987年に開始された「テンミリオン計画」のようにアウトバウンド観光に力を入れていたこともあったが、これは例外的なことであり、多くの国々ではインバウンド観光を重視した政策を行っている。ただし、非定住の人的な移動を伴う「インバウンド産業」は、必ずしも狭義の観光だけではない。たとえば日豪間のワーキング・ホリデー制度は本来長期の休暇を利用した両国青年の交流を想定していたが、バブル崩壊後の日本からは仕事を求める著者の訪豪が急増し、その結果1年間に日本人に対して支給されるワーキング・ホリデー・ビザ数が制限されるようになった。つまり、ワーキング・ホリデーは「労働」と「休暇」の役割があるので、「労働<休暇」で消費活動が多い場合は受け入れ国にとって望ましいが、「労働>休暇」になると望ましくない。

　さらに、現在のオーストラリアでは、観光と同様に留学が有望なインバウンド産業として注目されている。1980年代後半の高等教育機関の大綱化以降、留学生の受け入れは各大学にとって重要な収入源となり、オーストラリア全体で見ても外貨収入源で上位を占めるようになった。学生ビザが必要ないわゆる「正規留学」だけでなく、ビザが不要な短期の語学研修や修学旅行もまた教育を活用した有望なインバウンド産集として注目されている。日本のバブル期には、短期の語学研修や修学旅行のため来豪する日本人が多かった。しかし、近年のオーストラリアにおけるインバウンド教育を見ると、海外インターンシップの受け入れ強化やオーストラリアの諸大学による海外キャンパスの進出など、更なる多様化が著しい。

69

現在の日本でもまた、2003（平成15）年に開始されたビジット・ジャパン・キャンペーンに見られるように、インバウンド観光が重要視されるようになった。さらに、18歳人口の減少に伴う「大学冬の時代」を迎え、いくつかの日本の大学では留学生の受け入れが経営を左右するまで重要な事項になっている。

5.2　諸外国における多国籍教育機関

　1983（昭和58）年の「留学生10万人受け入れ計画」以降、日本政府は留学生受け入れ数の増加を図った。同計画の開始当初は相互的な国際交流、バブル期は研修生による労働力確保、近年は18歳人口減少の対策というように留学生受け入れの主な目的は変化していき、2006年には年間12万人の留学生が日本で学んでいる。しかし、世界的に見ると、アジア地域を中心に留学市場は急激に拡大している（図5-1）。

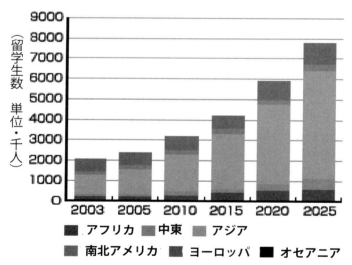

出典：JUCTe「世界の国際教育需要予測」https://office.shibaura-it.ac.jp/kokusai/jucte/corporation/establishment.html, 2007年7月23日閲覧

図5-1　世界の国際教育需要予測

第５章　インバウンド産業としての教育

　この有望な市場に各国が積極的に働きかけているため、日本の留学生受入数は主要先進国と比べるとそれほど大きくない（資料5-1）。個々の大学による留学生受入数を見ても、立命館アジア太平洋(APU)など、日本を代表する「国際的な」大学の受け入れ水準はアメリカ合衆国やヨーロッパの主要国だけでなく、オーストラリア国立大学（ANU）やニューサウスウエルズ大学（UNSW）、セントラル・クイーンズランド大学（CQU）など、後発の留学大国であるオーストラリアの主要大学に及ばない（表5-1）。

資料 5-1　各国の留学生数

・	アメリカ	586,323人（2002年）
・	イギリス	242,755人（2001年）
・	ドイツ	227,026人（2002年）
・	フランス	180,418人（2002年）
・	オーストラリア	136,252人（2003年）
・	日本	95,550人（2002年）

出典：総務省「留学生の受入れ推進施策に関する政策評価」
http://www.soumu.go.jp/s-news/2005/pdf/050111_1_13.pdf,　2007年7月23日　閲覧

表 5-1　各大学の留学生数

	大学	学生総数	留学生総数	留学生の割合
・	東京大学(2005)	29,000人	2,269人	8%
・	APU(2006)	4,752人	1,917人	40%
・	ANU（2004）	10,377人	2,226人	21%
・	Monash Uni(2006)	52,400人	15,200人	29%
・	UNSW（2006）	40,000人	7,900人	20%
・	Deakin Uni(2004)	32,000人	4,100人	13%
・	Griffith Uni(2006)	29,000人	5,000人	17%
・	CQU（2006）	24,000人	12,500人	52%

出典：Asamizu, M. (2007)"Educational Globalization in Japan and the Global Active Learning Program" *RCAPS Newsletter* Vol.7, p.3.

日本が受け入れている留学生数が他の先進経国と比べて少ない理由はいくつか考えられるが、その一つとして海外での出先機関の開発が不十分なことが挙げられる。他方、アメリカやヨーロッパ諸国、オーストラリアの場合、海外オフィスを設立するだけでなく、学位授与が可能な海外キャンパスを設立している場合も少なくない。

　アメリカ合衆国の場合、レーガン政権の小さな政府政策が間接的に及ぼした各州政府による予算削減の対策として、世界各地に海外キャンパスを設立する動きが加速された。1980年代に急増した北米各地の大学が設立した日本校の多くはバブル経済の崩壊後撤退したが、世界的に見ると北米地域の大学によるが以外キャンパス設立はその後も続き、さらにオーストラリアが新興勢力として留学生を積極的に受け入れるのと共に海外進出を果たした。

　オーストラリアのインバウンド教育の特徴であるが、高等教育（higher education）に加え、職業訓練教育（vocational training education）や初等・中等教育（school education）、語学学校（ELICOS）など、幅広い分野で留学生を受け入れている（表5-2）。

表5-2　オーストラリアにおける留学生の移り変わり（2002-2010年）

部門	2002	2003	2004	2005	2006	2007	2008	2009	2010
高等教育機関	124,666	146,128	164,008	177,864	185,449	192,223	202,270	226,011	243,591
職業訓練校	44,786	45,991	45,547	50,919	67,018	101,988	153,881	207,985	206,581
初等・中等学校	23,223	26,945	27,311	25,096	24,479	26,765	28,303	27,380	24,235
ELICOS	57,452	62,101	61,743	64,560	76,905	102,214	127,247	137,539	113,477
その他	23,933	25,949	25,952	26,257	26,437	27,331	30,122	31,748	31,235
合計	274,060	307,114	324,561	344,696	380,288	450,521	541,823	630,663	619,119

＊単位：人

出典：Australian Government (2011) *Strategic Review of the Student Visa Program* 2011, p.9

5.3 日本における多国籍教育棟関

交換留学を除くと、1980年代の日本の高等教育機の多くは留学生の送り出しが主な業務であった。「留学生10万人受け入れ計画」にも関わらず、バブル期の日本では、留学生の受け入れ数が研修生を除くと伸び悩んだ。他方、1982（昭和57）年にテンプル大学日本校が開校し、各地方自治体の要請を受けた外国大学の日本校はバブル期に急増した。当時の日本校は学生ビザの関係上、日本への留学生受け入れよりも日本人学生の獲得や本校の学生の研修が主な目的であった。さらに、1991（平成3）年に開校したレイクランド大学日本校は2年制準学士課程の後、アメリカの本校に進学できる典型例であるが、このように日本校だけで最低限準学士が取れなければ日本人学生に十分アピールできず、バブル期に30校以上設立された外国大学の日本校の多くは経済的に豊かな日本人学生が減ったバブル後に淘汰された。

バブル崩壊直後の1994（平成6）年にはロシア極東国立総合大学函館校が設立され、英語圏以外の外国大学の日本進出が進んだ。その後外国大学に対する地方自治体の教育特区の時代を経て、大使館の推薦を受けた外国大学の日本校が文部科学省から学生ビザを取れる教育機関とみなされるようになり、2005（平成17）年にテンプル大学日本校（学士・修士・博士）が初の認定校になった。同2005年にはレイクランド大学（現在は日本からの送り出しと日本への留学生受け入れ）やロシア極東国立総合大学、天津中医薬大字（中国留学必須）の各日本校も文部科学省の認定校となった。先述のように、バブル後に残った外国大学の日本校の多くは学位が取れる機関が多く、同2005年に設立されたカーネギーメロン大学日本校(4学期制)のように大学院教育に力を入れている場合もある。

他方、日本の高等教育機関による海外進出は、帝京大学のように大学名を冠した海外キャンパス、関西外語大学がハワイに設立した2年制のTrance Pacific College、日本国際教育大学連合とマレーシア政府とのディプロマ・プログラム、JICAを介した現地教育機関での技術研修などの事例が若干見られる（資料5-2）。

資料 5-2 日本の高等教育機関による海外進出

東京国際大学アメリカ校（オレゴン州）
帝京大学短期大学デンバーキャンパス
帝京大学ベルリンキャンパス
ハワイ東海インターナショナルカレッジ（準学士）
ウィンチェスター頌栄カレッジ（準学士、英国）
アメリカ創価大学（カリフォルニア州）
法政大学アメリカ研究所（カリフォルニア州）

出典：塚原修一「大学等の国際的な展開に関する質保証について」
（ http://www.mext.go.jp/b_menu/shingi/chousa/koutou/024/
siryou/04010802/006.htm, アップデート 2003/11/10）

　日系高等教育機関の海外キャンパスの多くは、本来日本人の学生が海外研修を行うための機関であったが、Trans Pacific College はハワイ州の準学士を授与できるため、地元やアジア地域の学生も学んでいる。このように、アメリカ合衆国の場合、州によって大学や海外キャンパスの設置基準が緩い地域がいくつかあるため、日本の大学による米国進出が若干見られる。

　ただし、ロシアや中国などの大学も同様の海外進出を行っており、特に中国では政府のバックアップによる孔子学院が 100 校以上国外に設立されている。単独の大学でも複数の海外キャンパスを有しているアメリカやイギリス、カナダ、オーストラリアなど、英語圏諸国の大学による海外進出と比べると日本の大学は遅れているのが現状である。

　逆に、外国大学の日本校の在学生が 2005（平成 17）年から日本国の学生ビザを取れるようになったため、これらの大学が今後日本において英語基準の国際学生を積極的に受け入れるようになるかもしれない。バブル期に設立されたアメリカの大学の日本校は留学生に必要な日本国の学生ビザを取れず、日本人学生も学割を取れなかった。しかし、日本人学生向けの集中英語コースのみのキャンパスが多かったバブル期と異なり、現在のアメリカの大学の日本校は日本校のみで学位を取れるキャンパスが多く、な

おかつ日本国政府が入国を認めればアメリカで学生ビザを取れなかった学生であっても受け入れることが可能である。

5.4 更なる留学生獲得のためのシナリオ

5.4.1 海外中等教育機関の整備

　日本語以外の言語で専門科目を提供している日本の高等教育機関が少ない現在、日本が更に多くの留学生を受け入れることは難しい。海外で日本語学校を新たに多数設立する方法もあるが、ここで既存の教育機関から日本の高等教育機関への進学例を考えたい。

　補習授業校を除くとほとんどの日本人学校が義務教育である中等部までしか設立されていないため、慶應義塾ニューヨーク学院や帝京ロンドン学園、早稲田渋谷シンガポール校などの大学付属の私立高校は、日本の後期中等教育を求める日本からの駐在員の子弟を教育するために設立された。ただし、日本に関心のある地元や海外の高校生の門戸を広げれば、彼らの日本留学も十分考えられる。そのため、立教英国学院やフランス甲南学園トゥレーヌ、スイス公文学園高等部のように、より現地色を高め、海外志向の日本人高校生と日本に興味を持っている日本人以外の高校生をターゲットとしている場合も見られる。さらに、シンガポール政府が海外の有名大学にシンガポール・キャンパスを設立させている「東洋のアイビーリーグ構想」に早稲田大学が参加しているため、早稲田渋谷シンガポール校は日本人子弟のための日本進学教育を行うだけでなく、将来的には早稲田大学のシンガポール・キャンパスや世界各地の大学への生徒の送り出しもまた考えられる（資料5-3）。

資料 5-3　海外中等教育機関の事例

　慶應義塾ニューヨーク学院（アメリカ合衆国）
　帝京ロンドン学園（イギリス）
　立教英国学院（イギリス）
　スイス公文学園（スイス）
　ドイツ桐蔭学園（ドイツ）
　フランス甲南学園トゥレーヌ（フランス）
　早稲田渋谷シンガポール校（シンガポール）
　サウス・クイーンズランド・アカデミー（オーストラリア）
出典：海外子女教育振興財団「海外の学校情報」http://www.joes.or.jp/
g-kaigai.htmより作成

　しかし、現状として、日本で知名度の高い大学の付属校であっても、近年閉校や募集停止が相次いでいる。人口の多いアメリカ合衆国やヨーロッパでもこのような状況であるため、現状ではニューヨークやロンドンのような日本人駐在員が多い大都市以外では経営が成り立つ数の日本人子弟の入学が期待できない（資料 5-4）。日本から海外へ高等教育機関の附属校が進出する場合、海外における日本人の 18 歳人口の減少もまた考慮に入れて設立地の厳選を行うか、日本人以外の生徒に積極的にアピールする必要性があるだろう。

資料 5-4　撤退した海外中等教育機関

　テネシー明治学院（アメリカ合衆国）
　駿台アイルランド国際学校（アイルランド）
　英国暁星国際学園（イギリス）
　東海大学付属デンマーク校（デンマーク）
　アルザス成城学園（フランス）
　英国四天王寺学園（イギリス）
出典：海外子女教育振興財団「海外の学校情報」http://www.joes.or.jp/
g-kaigai.htmより作成

5.4.2 編入プログラムの開発

　先述の日本国際教育大学連合には拓殖大学や芝浦工業大学、立命館大学などのいくつかの大学が加盟しており、主に理工系の留学生を受け入れている。特にマレーシアにおける現地学生の募集活動が熱心であり、地元のポリテクニックへ日本から教員を送り出し、日本に関係ある２年間のDiplomaを授与した後に日本の大学学士過程の３年次編入を行っている（ツイニング・プログラム）。このプログラムはマレーシアと教育制度が似ているフィジーや他の旧イギリス植民地でも需要があれば適用できる。

　このような現地での学習を含んだツイニング・プログラムは留学生から見ると安価であり、アメリカと比べると海外進出が後発であったオーストラリアの大学が留学生市場の新規開拓のためにしばしば使っている手法である。APUとクイーンズランド大学のダブル・ディグリーもツイニング・プログラムの一種と考えられる。オーストラリア以外でも学生の経済的負担が少ないツイニング・プログラムはしばしば見られる。たとえばトヨタ財団はピッツバーグ大学と共同で、日本での学習期間を含んだアメリカでの大学院プログラムを運営しているが、この場合経営者が雇用者の時間的な負担を軽減していることが興味深い。

　なお、上記のツイニング・プログラムの応用編として、初等・中等教育の履修期間が12年未満のため、高卒の学生を直接日本の大学へ進学させることが困難な国々での適用が考えられる。たとえは現地のポリテクニックやコミュニティ・カレッジに日本から教員を送り出し、単位互換が可能である日本関係のDiplomaを授与した後、編入生として日本の大学へ進学させることが可能であろう。

　ツイニング・プログラムのもう一つの応用編として、サウジアラビアのように経済的に豊かな国で、日本語での留学希望者が十分見込まれる国や地域での補修学習が考えられる。つまり、日本において日本語学校のビザが出る１年間で日本語の水準が十分上がる可能性が低いが、さらに現地での学習期間を加えれば語学能力が大学入学基準を満たす可能性があり、なおかつ十分経済力のある層に対し、主に語学関係のプログラムを提供す

ることが可能であろう。特にサウジアラビアの場合、現在のように年間
5,000人の国費留学生を送り続けると、初めのうちは総合的に優秀な学生
が集められるかもしれないが、年を重ねるたびに語学水準が十分でない学
生への需要が高まるかもしれない。

5.5　インバウンド教育発展のための今後の展望

　海外における日本語話者の少なさと、日本における日本語以外の言語に
よる専門科目の少なさから、現状では他の先進国よりも日本の留学生受入
数が少ない。本章では主に学校教育を活用した高等教育機関への正規留学
生増加策について述べたが、今後外国人を対象にした日本でのエクスカー
ションや修学旅行なども含んだより広い意味での知織追求型の国際移動に
ついて考察する必要もあるだろう。

参考文献

Asamizu, Munehiko（2007）"Educational Globalization in Japan and the Global Active Leaning Program", *RCAPS Newsletter*, Vol.7, pp.1-3

Australian Government（2011）*Strategic Review of the Student Visa Program 2011*, Australian Government

Australian Education International（2007）*International Student Enrolment in Higher Education in 2006*, Research Snapshot, No.23., Factsheet

JUCTe（n.d.）「世界の国際教育需要予測」http://www.jucte.org/corporation/establishment.html, 2007 年 7 月 23 日閲覧

海外子女教育振興財団（n.d.）「海外の学校情報」http://www.joes.or.jp/joho/g-kaigai.html, 2007 年 7 月 27 日閲覧

総務省（n.d.）「留学生の受入れ推進施策に関する政策評価」http://www.soumu.go.jp/s-news/2005/pdf/ 050111_1_013.pdf, 2007 年 7 月 23 日閲覧

塚原修一（2003）「大学等の国際的な展開に関する質保証について 」http://www.mext.go.jp/b_menu/shingi/chousa/koutou/024/siryou/04010802/006.htm, 2007 年 7 月 27 日閲覧

第6章

オーストラリアにおける人的移動

6.1　移民によるオーストラリア社会の多様化

　前章で述べたように、インバウンド教育の多様化の点で現在のオーストラリアは世界的に注目されている。そこで、この章では、同国におけるインバウンド教育の発展について、社会的な背景から考察していきたい。

　オーストラリアはアメリカ合衆国やカナダと同様に移民の国として知られている。連邦結成（1901年）から第二次世界大戦までは人種差別的な白豪主義で悪名高かったが、戦後は経済発展期の人材獲得のため、東ヨーロッパ（1940年代後半）、南ヨーロッパ（1950年代）、中近東（1960年代後半）など、移民の受け入れ対象地域が段階的に緩和された（朝水2003:26）。なお、これらの移民受け入れは結果として労働力の増加につながったが、多くの場合、難民の受け入れが移民受け入れ先の拡大のきっかけとなった。

　1970年代初頭には当時エスニック政策で先駆的だったカナダに続き、オーストラリアでも多文化主義政策が導入された。ただし、1973（昭和48）年の第一次オイルショック後の世界的な景気後退に伴い、カナダの移民政策で用いられていたポイントシステム制の移民選抜制度もまたオーストラリアに導入された（朝水2003:33）。ポイントシステム制はアメリカ合衆国の国別クオーター制と異なり、移民個々人の能力によって選抜される。そのため、能力の高い者であればヨーロッパ出身者でなくても自由にオーストラリアへ移住できるようになった。

　日本はオイルショック後の景気低迷からいち早く立ち直り、1980年代後半にはバブル経済による好景気を迎えたが、オーストラリアの不景気は長引いた。景気回復のため、1970-80年代のオーストラリアでは新たな産業が求められ、さらに新たな産業に適応できる人材も求められていた。

6.2 オーストラリアにおける高等教育

　現在のオーストラリアにとって、留学生は重要な外貨の収入源である。しかし、オーストラリアの留学生受け入れは、1951（昭和46）年のコロンボ計画に見られるように、元々は国費・公費を用いながら高等教育機関の学位課程で主に行われていた（寺倉2009:57）。当時のオーストラリアには大学が少なく、1946（昭和21）年に国策として創立されたオーストラリア国立大学を含めても7校であり、大学教育自体がエリート教育であった（杉本2003:74）。

　しかし、人口の増加と高等教育への進学希望者の増加により、たとえば1954（昭和29）年創立のニューイングランド大学のような地方都市の大学や1958（昭和33）年創立のモナシュ大学のような大都市で二番目以降の大学が設立された（杉本2003:75）。労働人口当たりの学位保持者数の比率も1966（昭和41）年に2.5%だったのが、1986（昭和61）年には9.3%に上昇した（杉本2003:82）。進学率の増加は産業構造の変化の他に、高学歴な移民の流入による労働市場の激化も要因として考えられる。

　さらに、ドーキンス雇用教育訓練大臣が1987-90年の在任中に行った諸改革によってオーストラリアでは高等教育機関の再編が進み、俗にドーキンス大学群と呼ばれる新設大学が各地で増えた（マージンソン2009:251）。たとえば、1987（昭和62）年にはオーストラリア初の私立大学であるボンド大学が観光地として有名なゴールドコーストに創立された（長峰2000:18）。

　なお、1989（平成元）年にフルフィー学生と呼ばれる私費留学生の受け入れ制度が導入されたことにより、オーストラリアのいくつかの大学、特に財源に乏しい新設大学にとって留学生による学費収入が経営上重要になってきた（朝水2014:206）。この時期は日本にとってバブル経済期であったが、オーストラリアにとってまだ不景気な時期であり、教育財政の改革や新たな産業（たとえば観光）の育成が急務であった。

　しかし、オーストラリアの諸大学は欧米諸国の主要大学と比べると歴史が浅く、国際的な知名度もそれほど高くないことが多い。そのため、優秀

第6章　オーストラリアにおける人的移動

な人材を海外から受け入れるため、学位課程以外にも、進学前の集中英語コースや専門学校からの編入制度、海外の協定校とのダブルディグリー・プログラムなど様々な教育機会を提供するようになった。

6.3　オーストラリアにおける観光産業の発展

　他方、1980年代の後半にオーストラリアの外貨収入の主要な財源となった観光であるが、連邦レベルで観光政策に力を入れたのは、それほど古くはない。オーストラリア政府観光局（当時は Australian Tourist Commission:ATC）が設立されたのは1967（昭和42）年であり、観光・レクリエーション省が設立されたのも1972（昭和47）年である（朝水 2003:67-68）。当時のオーストラリアにおける国際観光はアウトバウンドが中心で、インバウンドとの格差は著しかった。

　しかし、第一次オイルショックはそれまでの重厚長大型の産業構造からサービス産業中心の社会に変化する傾向を加速させた。1980年代には日系企業を代表とする外資系企業の大規模リゾート開発が急速に進み、1990年代初頭には観光による収入が外貨収入の首位を占めるようになった。

　オーストラリアの観光は量的に増大しただけではなく、質的にも多様化した。同国では観光・レクリエーション省の設立と同じ1972（昭和47）年に多文化政策を導入した。つまり、人種や民族の差別をしていた白豪主義政策と正反対の政策を導入したわけである。先住民や移民の文化が評価されるようになり、アングロ・アイリッシュ系の主流社会の中にも普及するようになった。主流社会の生活習慣が変化した事も異文化普及のための追い風となった。このことは、衣料のデザインや食文化など、幅広い分野で日常的に見られる。

　さらに、マイノリティ文化の普及は、オーストラリアにおける産業形態を大きく変えた。元々移民や先住民の生活の必要性から形成されたエスニック・タウンは主流社会の利用によって急速に商業化され、さらに拡大したエスニック・タウンは優良な観光地となった。

83

エスニック・ツーリズムが形成される時期とほぼ同じ頃、自然破壊を伴う大規模なリゾート開発への反省からコンサベーション型の観光が普及していった。特にエコツーリズムがよく知られているが、これは観光業者から見れば自然破壊によって観光地の魅力を損なうリスクを避ける事ができ、環境保護団体から見れば市民を自然環境に触れさせるまたと無い機会であった。

文化志向型のエスニック・ツーリズムと自然志向型のエコツーリズムは別の物であるが、自然の中で生活する先住民の生活文化が両者を結び付ける事になった。さらに、シドニー・オリンピックに見られるように、先住民文化は「諸民族の調和」および「自然と人間の調和」の象徴として、対外的にアピールされるようになった。

6.4 観光形態の多様化

オーストラリアにおける人文観光地は同国の多文化主義の浸透と共に多様化し発展してきたが、各観光地における訪問者の傾向はかなり異なっている。たとえば、流刑植民地発祥の地であるロックスとシドニー・チャイナタウン、ドイツ人街が多いバロッサ・バレーを比較すると、観光客の出身に興味深い傾向がある。つまり、ロックスにはニュージーランド以外の英語圏諸国、チャイナタウンには中国や台湾、バロッサにはドイツといったように、それぞれの民族に関連した出身者が多い。これは、日本からの観光客がロサンゼルスの日本人街などを訪れる傾向と似ている。

他方、アボリジニ関連の観光地を見ると、欧米諸国からの観光客が多いのに対し、日本を除くアジア諸国の観光客は少数である。さらに、バックパッカーなどの個人旅行が多いドイツとパッケージツアーが多い日本を比較すると興味深い傾向が見られる。日本からの観光客はエアーズ・ロックに集中しているのに対し、ドイツからの観光客はカカドゥ国立公園やキャサリン峡谷など、多様な観光地に分散している（朝水 2012:120-123）。

さらに、バックパッカー用のカカドゥのツアーとパッケージツアー用のウエーブ・ロックの参加者を比較すると、前者の満足度が高いのに対し、

後者はそうでもないという感想が多かった（朝水 2012:137-140）。前者はアボリジニが生活している自然を実際に体験できる事が大きな特徴となっているのに対し、後者は単なる見学である。日本でも現在体験型旅行が注目を浴びているように、いわゆる「見る」観光より「する」観光の方が一般的に満足度が高い。

　異文化体験型の旅には、これらのエスニック・ツアーの他にホームスティ・プログラムや地元の大学主催のスタディ・ツアーなどが挙げられる。これらは地元の人々との接触がより密になり、異文化体験の度合いがより強くなると想定される。特に大学主催のスタディ・ツアーでは、地元の大学生との触れ合いなど、人的な交流の機会を含めることが重要である。

6.5　インバウンド教育の発展

　オーストラリアにおけるインバウンド教育旅行の発展には教育の面と観光の面が考えられる。上記のように、オーストラリアでは高等教育の規制緩和が行われ、多様なプログラムを提供できるようになった一方、各大学は自主財源が重要になった。オーストラリアの学位課程以外の教育プログラムの発展に伴い、社会的・経済的な重要性が次第に認識されるようになった。留学生に関する統計調査でも、オーストラリア政府は元々UNESCOのように高等教育機関における学位コースで学ぶ外国人を対象としてきたが、初等・中等教育機関や語学学校、職業訓練校等で学生ビザを有する者も対象になり、少なくとも 1994（平成 6）年以降は毎年教育分野別の留学生データが公開されるようになった（図 6-1）。

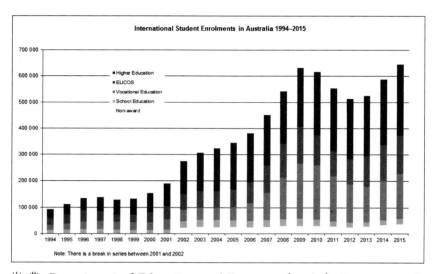

出典:Department of Education and Training（n.d.）"International Student Data 2015"https://internationaleducation.gov.au/research/International-Student-Data/Pages/InternationalStudentData2015.aspx, 2016年9月14日閲覧

図6-1　オーストラリアの留学生（1994-2015年）

　他方、あまりにも自由にプログラムを組めるようになると教育の品質の面で問題が出やすくなる。そのため、2000（平成12）年の留学生教育サービス法（ESOS: Education Services for Overseas Students Act）により、オーストラリア政府によって教育プログラムに対する品質保証が行われるようになった（Tsukamoto 2009: 49）。ESOSにより、留学生を受け入れるオーストラリアの教育機関は政府へCRICOS（Commonwealth Register of Institutions and Courses for Overseas Students）の認定校として登録するようになった（DEST2007: 95）。CRICOSの登録制度により、現在のオーストラリアでは大学や職業訓練学校、語学学校など、様々な教育機関にて留学生の数をかなり正確に把握できるようになり、少なくとも2002（平成14）年からは交換留学などの学位なし学生（この場合non-award）のデータも公開されるようになった。

他方、オーストラリアで学生ビザを持たずに語学学校等で学ぶ学生も少なからず存在する。英語学校の業界団体であるEnglish Australia（EA）は政府認定の語学学校であるELICOS（English Language Intensive Courses for Overseas Students）で学ぶ学生が保有するビザの種類を公開しているが、2005（平成17）年のデータでは半数以上の学生が学生ビザ以外のビザを使っていた（表6-1）。

表6-1　英語コースで学ぶ学生のビザ（2003-2005年）

	2003年	2004年	2005年
学生ビザ	58%	51%	49%
観光ビザ	31%	38%	37%
ワーキング・ホリデー・ビザ	11%	11%	14%

*元データはEnglish Australiaが提供.

*ELICOSの履修者数は2003年（60,960人）、2004年（61,142人）、2005年（64,981）人

出典 :British Council（2006）*A review of the global market for English language courses,* p.18

さらに、オーストラリア政府の留学生業務の専門機関であるAEI（Australian Education International）もまた、ELICOSにおいて、学生ビザなしで学ぶ短期の語学研修生を集計し、「リサーチ・スナップショット」シリーズを公刊するようになった。AEIのリサーチ・スナップショットによると、2005（平成17）年の場合学生ビザを有する学生は270,000人であったが、学生ビザを持たずにELICOSで学ぶ者（この場合non-student visa）が45,000人、公的な資金を用いた研修生（この場合sponsored international students）が5,000人など、実際はより多くの外国人がオーストラリアで学んでいた（Department of Education and Training 2005: Research Snapshot）。

ELICOSに関しては、その後も同様のビザ・カテゴリーの調査が行われている。たとえばEAの調査によると、2010（平成22）年における

ELICOS履修者 14万人のうち、23%が観光ビザ、17%がワーキング・ホリデー・ビザなどで、4割近くが学生ビザを持っていなかった（English Australia 2012:3）。近年ではELICOS履修生における学生ビザの保有率が高まりつつあるが、AEIの 2014（平成 26）年の調査でも、観光ビザやワーキング・ホリデー・ビザなどの保有者もまた少なくない（表 6-2）

表6-2　ELICOS 履修者のビザ

ビザの種類	2013年	2014年	前年度比
学生	91,398	107,610	18%
観光	28,319	30,897	9%
ワーキング・ホリデー	21,542	17,840	- 17%
その他	6,569	7,195	10%
合計	147,828	163,542	11%

出典:Department of Education and Training（2015）"International students in the ELICOS sector in 2014", R--esearch Snapshot

このように、学生ビザなしでオーストラリアの教育機関で学ぶ外国人は少なくなく、経済的な効果も期待されるようになった。そのため、教育部門だけでなく、観光部門でも「教育観光客」の調査を行うようになった。オーストラリア政府観光局（TA:Tourism Australia）もまた、『教育観光レポート』にて、海外修学旅行のようなスタディ・ツアーも調査対象としている（朝水 2014:208）。

　TAの場合、12か月未満の教育目的の訪問者を「教育観光客」と称す（Tourism Research Australia 2013: p.v）。教育観光客は 2000/01 年度に 20万人だったが、2010/11 年度には 37万人以上に増加した。2010/11 年度における教育観光客は一人当たり 1万 5000 オーストラリアドルも消費している（Austrade n.d.: web）。

参考文献

Austrade（n.d.）"About international education tourism", http://www.austrade. gov.au/Australian/Tourism/Policies/International-education-tourism, Accessed October 9, 2015

朝水宗彦（2003）『オーストラリアの観光と食文化　改訂版』学文社

朝水宗彦（2012）『新版　北アメリカ・オセアニアのエスニシティと文化』くんぷる

朝水宗彦（2014）『新版　持続可能な開発と日豪関係』くんぷる

British Council（2006）*A review of the global market for English language courses*, British Council

Department of Education, Science and Training（2007）*OECD THEMATIC REVIEW OF TERTIARY EDUCATION COUNTRY BACKGROUND REPORT AUSTRALIA,* DEST

Department of Education and Training（2005）*Explanatory notes for International Student Numbers*, Research Snapshot

Department of Education and Training（2015）*International students in the ELICOS sector in 2014,* Research Snapshot

Department of Education and Training（n.d.）*International Student Data 2015* https://internationaleducation.gov.au/research/International-Student-Data/Pages/InternationalStudentData2015.aspx, 2016 年 9 月 14 日 閲覧

English Australia（2012）*Development of an International Education Strategy for Australia,* EA

マージンソン, サイモン（2009）「グローバルな環境下の高等教育改革」『大学財務経営研究』6,pp243-267

長峰登記夫（2000）「オーストラリアの大学」『人間環境論集』1（1）,pp15-32

杉本和弘（2003）『戦後オーストラリアの高等教育改革研究』東信堂

寺倉憲一（2009）「留学生受け入れの意義」『レファレンス』平成 21 年 3 月号,pp51-72

Tourism Research Australia (2013) *Tourism Employment in Australia*, TRA

Tsukamoto, Kumiko (2009) "The Interconnection Between Australia's International Education Industry and Its Skilled Migration Programs", in Fegan, James and Field, Malcolm eds., *Education Across Borders*, Springer, pp.49-60

第7章

シンガポールにおける人的移動

7.1 移民と外国人労働者

　グローバリゼーションという言葉を日常的に聞くようになってから久しいが、国際的な人的移動もまた、もはや一部の国や地域における現象ではない。近年の日本においてもまた、「移民1,000万人受け入れ提言」や「留学生30万人受け入れ計画」、「ビジット・ジャパン・キャンペーン」（2010年まで観光客など年間1,000万人の外国人訪問者を受け入れる目標）など、長期・短期を問わず、外国人の受け入れに関する政策的な数値がいくつか掲げられている。これらの数値目標を実際に達成させるためには様々な問題点を解決しなければならないが、ここで、上記の政策立案におけるモデルケースの一つとしてしばしば挙げられているシンガポールの人的な移動について手短に紹介したい。

　マレー半島の先端に位置する島国であるシンガポールはマレー系の人々が住む小さな漁村であったが、ラッフルズ（Thomas Stamford Raffles）を代表とするイギリスの植民地政策により、貿易やプランテーション経営を支える労働者移動の中継地として、19世紀初頭から中国系やインド系の移民が増加した（田村 2000:30）。1965（昭和40）年の独立当時には中国系、マレー系、インド系、およびユーラシアンなどの人々が居住する多民族国家であったが、独立後の驚異的な経済発展や政治的安定により、シンガポールにおける人的な移動はさらに多様になってきている（写真7-1）。

2006年9月4日　著者撮影
写真7-1　ラッフルズホテルとマリーナ地区

淡路島程度の狭い国土面積で、なおかつ天然資源に乏しいシンガポールにとって人的資源は日本と同様に重要である。あるいは日本ならばまだ水の自給ができるが、水さえも隣国から輸入しているシンガポールにとって、人的資源は日本以上に重要かもしれない。さらに、シンガポールでは平坦で狭い国土を多少なりとも拡大するための埋め立て用の土砂もまた隣国からの輸入に頼っている。安全保障上、経済活動上、シンガポールにとって国際的な人的ネットワークの形成は重要な課題である。

　シンガポール統計局によると、2007（平成19）年における同国の居住人口は459万人だが、同国の国籍を有する者と永住権を有する者は358万人であった。人口の少ないシンガポールにとって約100万人の外国人居住者は大きな割合であるが、この居住人口には観光客などの短期訪問者や統計に表れない不法移民などは含まれないので、シンガポールにはより多くの外国人が滞在していることになる。シンガポールにおける同年の居住人口の年間人口増加率は4.3%であるが、同国の国籍を有する者と永住権を有する者に限れば1.6%であった（Statistics Singapore n.d.a: web）。

　シンガポールが外国人の受け入れに積極的な理由の一つとして、少子化が挙げられる。シンガポールにおける2007（平成19）年の出生率は1.29であり、日本や韓国と同様に少子化が大きな問題になっている（Statistics Singapore n.d.a: web）。少子化に加え、英語話者の多いシンガポールでは、俗に「頭脳流出」（brain drain）と呼ばれる優秀な人材の海外転出もまた大きな問題である。これらの諸問題を解決する方法の一つとして、シンガポールでは俗称「東洋のアイビーリーグ構想」（Ivy League of the Orient）を導入した。

2006年9月4日　著者撮影
写真7-2　写真2　ラッフルズ病院のフードコート

92

外国人の居住者や訪問者が増加する場合、それに対応した施設や制度の整備もまた重要である。たとえばシンガポールのラッフルズ病院の場合、英語や中国語、マレー語、タミル語だけでなく、日本語や韓国語などでもまた医療サービスを提供している。さらに、患者の宗教にも配慮し、様々な国の料理を提供できるフードコートを備えている（写真 7-2）。

7.2　留学と高度人材獲得

先述のように、天然資源に乏しいシンガポールにとって人的資源は重要である。特に優秀な経営者やエンジニアの獲得は重要であるが、人的資源の国際移動が著しくなった現在では、シンガポールから海外への人材流出もまた問題になっている。

そのため、シンガポールでは 1986（昭和 61）年に当時貿易工業大臣であったリー・シェンロン（Lee Hsien Loong= 後の首相）が自国の若者に対する人材育成だけでなく、海外から優秀な人材を受け入れ、シンガポールで育成する重要性を主張した。その後この高度人材獲得モデルが発展し 1998（平成 10）年に経済開発庁（Economic Development Board）が最低 10 校の世界的に著名な大学を誘致するプランを提唱した。このプランは先述のように俗称「東洋のアイビーリーグ構想」と呼ばれるようになった（Duhamel 2004: 40）。「東洋のアイビーリーグ構想」は「アジアのアイビーリーグ」（Ivy League of Asia）や「アジアのボストン」（Boston of Asia）とも呼ばれる。

シンガポールでは 1999（平成 11）年にシンガポール国立大学と MIT（マサチューセッツ工科大学）との提携コースが開設され、第一期生として 400 人の修士卒業者を輩出したが、その 3 分の 2 が留学生であった。これらの留学生は授業料が免除され、卒業後 3 年間シンガポールで働く予定の場合は奨学金が与えられた。さらに、このコースの卒業生で希望する者にはシンガポール国籍も与えられた（国立大学協会 n.d.:10）。MIT に続き、シンガポールではシカゴ大学やペンシルバニア大学、コーネル大学、早稲田大学、上海交通大学など、世界各国の有名校との提携プログラムを

次々と導入しているが、これらのコースは決して安くない。たとえばシカゴ大学ビジネススクールの場合、2005/06年度に本国のコースと同様の38,800USドルを10クラス単位のコースから取っているが、MITと同様にシンガポール政府が授業料を肩代わりしている（Goh 2005: 6）。ただし、エリート層の育成だけでは様々な産業に対応できる人材の供給が難しい。そのため、シンガポールでは「東洋のアイビーリーグ構想」に加え、さらに多数の海外教育機関の誘致を行い、2005（平成17）年に6万人であった留学生を2020（平成32）年まで20万人に増加させる計画を立てている（NTS教育研究所n.d.:Web）。

　なお、シンガポールの留学政策は人材育成に力を入れているが、全く異なった方法で留学政策を実施している国々がある。たとえば、前章のオーストラリアの留学政策は外貨獲得に特色がある。オーストラリアの留学政策が私費留学生中心であり、2001（平成13）年において「留学産業」が同国のサービス部門3位の外貨収入（50億オーストラリアドル）を得ている（文部科学省n.d.:Web）。さらに、オーストラリアのいくつかの大学は、積極的に海外キャンパスを設立し、本校への大学院進学や学部編入を行っている。シンガポール、オーストラリアは日本における「留学生30万人受け入れ計画」のモデルとして挙げられることが多いが、両国の手法は全く異なっているのは興味深い。

7.3　観光における国際関係

　シンガポールにおける外国人の積極的な受け入れは長期だけでなく、観光のように短期のものでも見られる。先述のように、国土が狭く、既存の天然資源に恵まれていないシンガポールでは、独立前後から貴重な外貨収入をもたらす国際観光は重要な産業であった。現在のシンガポール政府観光局（STB: Singapore Tourism Board）の前身であるSTPB（Singapore Tourist Promotion Board）は同国が独立する前年の1964（昭和39）年に設立している（STB 2006: Web）。同局は国内外の交通網を整備するだけでなく、海外からの観光客が安心して訪問できるクリーン＆グリーン

94

なガーデンシティを形成することを目指した（写真7-3）。さらに、チャイナタウンやアラブストリート、リトルインディアなど、魅力的なエスニックタウンが存在していたこともまた観光客の受け入れにとって有利に働いた（写真7-4）。

2006年9月2日　著者撮影
写真7-3　シンガポール政府観光局

2006年9月6日　著者撮影
写真7-4　チャイナタウンのヘリテージセンター

しかし、シンガポールの狭い国土で単独の開発を行うのには限界がある。そのため、シンガポール国内の空港や港湾の拡充を同国が行うのと同時に、マレーシアやインドネシアなどの近隣諸国と協同で総合的な開発を行う手法が注目を浴びるようになってきた（写真7-5）。このような流れの中で、経済開発庁を中心に国際協調を基調とした総合開発構想であるシンガポール・アンリミテッド（Singapore Unlimited）が模索され、観光開発分野ではシンガポール政府観光局によって1994（平成6）年にツーリズム・アンリミテッド構想（Tourism Unlimited）が掲げられた（鈴木2000:114）。たとえばシンガポールの南東沖合に位置するインドネシアのビンタン島やリアウ諸島の場合、シンガポールを代表するリゾート地であるセントーサ島より水質の良いリゾートとして開発が進んだ。

1996（平成8）年にはツーリズム・アンリミッテッドによる多国間の開発コンセプトを取り入れた報告書「ツーリズム21」が公開され、2005年まで年間1,000万人の訪問者を受け入れる数値目標が挙げられた。1996（平成8）年の訪問者が700万人強で2005（平成17）年の訪問者数が900万人弱なので厳密にはこの数値は達成されなかった（STB 2006: 1）。しかし、2年遅れの2007（平成19）年に訪問者が1028万人になり、1000万人の大台を超えた（Statistics Singapore n.d.b: Web）。シンガポール

2006年9月6日　著者撮影
写真7-5　チャンギ空港の待合室

の居住人口が500万人に満たないことを考えれば、居住人口の倍以上の年間訪問者を受け入れていることは注目に値するだろう。なお、シンガポール居住者による出国者数は1996（平成8）年に330万人、2005（平成17）年に516万人であり、受け入れが送り出しを上まっている（STB 2006: 64）。

　ただし、ツーリズム・アンリミッテッドの手法にはいくつかの問題点が考えられる。シンガポールのように国土が狭くて観光資源が限られている場合、短期間に観光客がめぼしい観光地を周遊可能なため、一般的にリピーターを得られにくい。そのため、シンガポール周辺に新たなリゾート地を開発し、シンガポールをハブ的な中継観光地として位置づけることはリピーター獲得のため有効な手段の一つとして考えられる。しかし、シンガポールと隣国マレーシアは橋で結ばれているため、訪問者のリピート率は2005（平成17）年の場合隣国からは9割弱、全体でも6割を超える（STB 2006: 24）。この統計からは観光目的の訪問者を抽出することができないが、隣国からの観光目的の訪問者を増加させる場合にはシンガポール国内での再開発もまた重要であろう。

　他方、訪問者の数だけでなく、滞在日数もまた重要である。しかし、中

継観光地と最終観光目的地では一般的に後者の滞在日数が長くなる。滞在日数の長さは観光収入の増減に影響を及ぼすため、シンガポールにとって同国国内での滞在日数を伸ばすこともまた重要であろう。ただし、シンガポールにおける平均滞在日数は 1996（平成 8）年に 3.3 日、2005（平成17）年に 3.4 日であり、あまり変わっていない（STB 2206: 8）。

　さらに、訪問者 1 人あたりの消費金額も重要である。代表的な宿泊施設の 1 部屋平均の室料は 1996（平成 8）年に 150 シンガポールドルであったものが 2005（平成 17）年には 137 シンガポールドルに下がっている（STB 2006: 50）。シンガポールにおける観光客数が増加しているのにも関わらず、観光収入は 1996 年と 2005 年共に 110 億シンガポールドルであり、シンガポールドルの相対的な価値の変化を無視すれば停滞している（STB 2006: 2）。シンガポールでは外国人観光客の受け入れ拡大に量的な面では成功を収めている。同国の観光が今後さらに発展するためには「良質な観光客」の受け入れが重要であろう。

参考文献

DUHAMEL, Damien（2004）"Can Singapore become the Boston of Asia?", *Singapore Business Review,* October, p.40

GOH, Muipong（2005）"Academic Review – Letter from Singapore", *Gown,* Iss.4, pp.5-7

文部科学省（n.d.）「中央教育審議会大学分科会（第 56 回）」http://www.mext.go.jp/b_menu/shingi/chukyo/chukyo4/gijiroku/001/06072601/002.htm,2007 年 7 月 23 日閲覧

NTS 教育研究所（n.d.）「21 世紀の留学生戦略（1）シンガポール」http://eri.netty.ne.jp/eduinfo-rep/eduinfo/20050307.htm, 2007 年 7 月 23 日閲覧

Singapore Tourist Promotion Board（1996）, *Tourism 21: Vision of Tourism Capital,* STPB

Singapore Tourism Board（2006）*Annual Report on Tourism Statistics 2005,* STB

Singapore Tourism Board（n.d.）"About US", http://app.stb.gov.sg/asp/abo/
　　abo.asp?, Accessed August 6, 2008

Statistics Singapore（n.d.a）"Population," http://www.singstat.gov.sg/stats/
　　themes/people/hist/popn.html, Accessed August 21, 2008

Statistics Singapore（n.d.b）" Tourism," http://www.singstat.gov.sg/pubn/
　　reference/yos/statsT-tourism.pdf, Accessed August 21, 2008

鈴木勝（2000）『国際ツーリズム振興論』税務経理協会,2000 年

社団法人国立大学協会国際交流委員会（2007）「留学制度の改善に向けて」
　　http://www.janu.jp/active/txt6-2/ryuugaku.pdf, 2008 年 8 月 8 日閲覧

田村慶子（2000）『シンガポールの国家建設』明石書店

第8章

非英語圏における英語開講プログラムの発展

8.1　グローバル化と高等教育

　高等教育機関における国際化が進むなか、非英語圏における英語開講プログラムの開設が著しい。個人的には英語化と国際化は必ずしも同一とは思わないが、英語が世界的に普及しているため、高等教育機関による国際化の一環として非英語圏であっても英語による研究や教育の機会が増えてきた。たとえば観光教育分野で世界的に知られているスイスのローザンヌ・ホテルスクール（EHL:Ecole Hôtelière de Lausanne）は元々フランス語で授業を行っていたが、1996年以降英語開講コースでも卒業が可能である（日本交通公社n.d :Web）。

　高等教育機関の英語化はヨーロッパ諸国だけでなく、韓国や台湾などでも見られる。たとえば1987年に開学した韓国の浦項工科大学（POSTECH:Pohang University of Science and Technology）は英語開講によるカリキュラムや英語基準による研究体制で知られている（坂根2004:833）。

　日本でも1980年代にアメリカ合衆国の大学による日本校の設立が盛んに行われ、アメリカ本校への編入が試みられた。しかしながら、近年では外国大学の日本校のみならず、日本の大学による英語開講コースの開設が急増している。

8.2　日本における留学生受け入れの概要

　2008年における日本の留学生受入数は12万人を超え、1980年代に想

定された「留学生 10 万人受け入れ計画」の水準を上回っている（JASSO n.d.a: web）。地域的に見ても、留学生は東京や大阪だけでなく、福岡や大分、広島などでも少なからず見られる（図 8-1）。しかしながら、現在の主要先進国の留学生受入数は首位のアメリカ合衆国以外でも 20 万人を上回っており、日本の受入数はそれほど目立つ存在ではない。さらに、オーストラリア、シンガポール、中国等のアジア太平洋諸国もまた留学生の受け入れ強化を積極的に試みている。そのため、現在の日本では「留学生 30 万人受け入れ計画」や「グローバル 30」など、より強力な留学生受け入れ推進策が進められている。

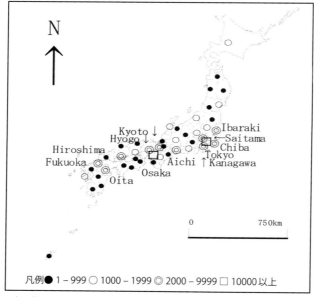

出典:JASSO (n.d.b) "Number of International Students by Region and Prefecture of Japan", http://www.jasso.go.jp/statistics/intl_student/data08_e.html, Accessed June 18, 2009　より著者が作成
図 8-1　留学生の県別分布（2008 年）

　文部科学省が主導する諸政策だけでなく、各大学もまた独自の留学生受け入れ策を試みている。留学生の受け入れは学術的な国際交流の目的だけ

第8章 非英語圏における英語開講プログラムの発展

でなく、経営の観点からも重要である。18歳人口が減少している現状では、日本人学生のみによる定員確保は都市部の著名大学や地方の基幹大学を除けば難しい。そのため、従来から国際交流を盛んに行ってきた大学だけでなく、一般的な中小規模の大学でもまた留学生を積極的に受け入れるようになった。

しかしながら、入学時に十分な日本語能力を身につけており、なおかつ4年間（あるいは2年間）以上日本で就学可能な経済力を持った留学生の数にも限りがある。そのため、留学生の出身地にて日本に関する基礎的な授業を行った後に日本の大学へ編入させる方法（たとえばツイニング）や英語開講の授業だけで卒業が可能な日本の大学が少なからず見られるようになってきた。そのうち高等教育機関における英語開講コースであるが、JASSO（日本学生支援機構）の資料によると、学位を修得できるコースを有する日本の大学だけでも2008年現在で63校に達している（図8-2）。

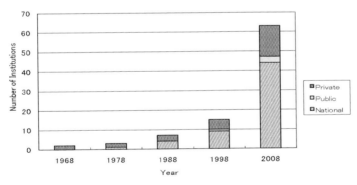

出典：JASSO (n.d.c) "UNIVERSITY DEGREE COURSES OFFERED IN ENGLISH", http://www.jasso.go.jp/study_j/documents/degree_english_2008_2.xls, Accessed April 18, 2009 より著者が作成（現行コースの設立年とその累積数）

図8-2 英語開講学位コースを有する大学数の変遷

8.3 英語開講学位コースの地理的分布

近年急増している英語開講学位コースであるが、同コースの募集定員を地理的に見ると興味深い傾向がある（図 8-3）。同定員は元々大学生の数が多い東京や愛知などの大都市圏が多いが、大分や新潟などの一部の地方でも相当の規模で存在している。さらに規模の小さいコースならば北海道から沖縄まで存在している。参考までいくつかの都道府県を抽出して比較してみると、全留学生数に対する英語開講学位コースの募集定員の割合が極めて高い県が見られる（図 8-4）。言い換えれば留学生全体と英語開講学位コースの募集定員必ずしも一致しない。

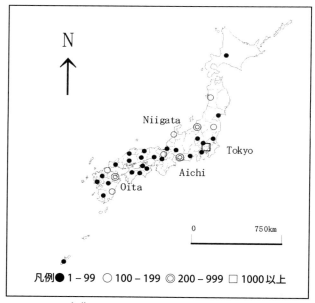

出典：JASSO (n.d.c)　より著者が作成

図 8-3　英語開講学位コース募集定員の県別分布 (2008)

第8章　非英語圏における英語開講プログラムの発展

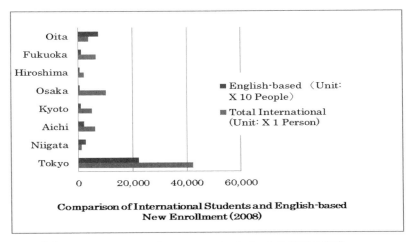

出典:JASSO (n.d.b)　と　JASSO (n.d.c)　より著者が作成

図 8-4　英語開講学位コース募集定員と全留学生数との県別比較（2008）

日本の大学が英語開講で提供している学位コースであるが、分野別に見ると人文科学（Humanities, リベラルアーツを含む）や社会科学（Social Sciences）など、いわゆる文系分野の募集定員が多い（図 8-5）。他方、英語開講による学位コースの数自体は工学（Engineering）や自然科学（Natural Sciences, 農学を含む）など、いわゆる理系分野が多い（図 8-6）。

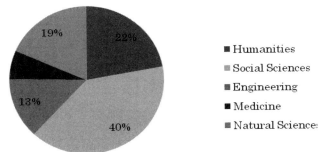

出典:JASSO (n.d.c)　より著者が作成(全 4851 人)

図 8-5　英語開講学位コースにおける分野別募集定員（2008）

103

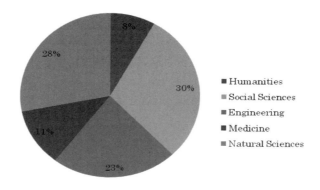

出典：JASSO (n.d.c)　より著者が作成（全 199 コース）

図 8-6　英語開講による分野別学位コース数（2008）

　英語開講学位コースの数と募集定員のギャップは一部の大学が定員規模の極めて多い学生募集を行っていることが大きな要因である。英語開講学位コースを有する大学もまた日本各地に存在する（図 8-7）。

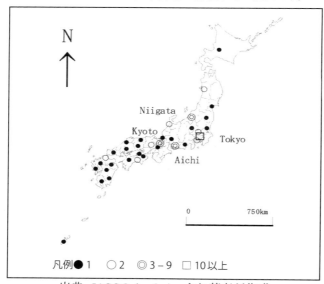

出典：JASSO (n.d.c)　より著者が作成

図 8-7　英語開講学位コースを有する大学の県別分布 (2008)

104

第8章　非英語圏における英語開講プログラムの発展

　しかしながら英語開講による学位コースを有する大学の地理的分布を先ほどの定員の分布（図8-3）と比較すると似ているが必ずしも一致しない。つまり、定員規模の大きな英語開講学位コースを有する大学と少数精鋭の英語コースを持つ大学があるため、分布スケールの違いが生じている（表8-1）。

表8-1　定員規模の大きな英語開講学位コースを有する大学（2008）

大学	設置場所	年間募集定員	学部やコース
国際教養大学	秋田県	150	Global Business, Global Studies (Undergraduate)
		30	Graduate School of Global Communication and Language
会津大学	福島県	130	Computer Science and Engineering
上智大学	東京都	170	Faculty of Liberal Arts (Undergraduate)
		59	Graduate School of Global Studies, Graduate School of Foreign Studies
早稲田大学	東京都	600	International Liberal Studies (Undergraduate)
		637	Asia-Pacific Studies, Commerce, Global Information and Telecommunication Studies, Graduate School of Information, Production and Systems
東京大学	東京都	136	Graduate School of Medicine, Graduate School of Engineering, Agricultural and Life Sciences
政策研究大学院大学	東京都	132	Policy Studies, International Development Studies
国際大学	新潟県	150	Graduate School of International Relations, Graduate School of International Management
北陸先端科学技術大学院大学	石川県	106	Knowledge Science, Information Science, Materials Science
名古屋大学	愛知県	129	Law & Political Science, Engineering, Graduate School of International Development, Environmental Studies, Medicine

105

九州大学	福岡県	120	International Economics and Business Law, Comparative Students of Politics and Administration in Asia, Young Leaders' Program (Law), Division of Dental Science, Graduate School of Bioresource and Bioenvironmental Sciences, International Special Course on Environmental Systems Engineering
立命館アジア太平洋大学	大分県	650	College of Asia Pacific Studies, College of International Management (Undergraduate)
		110	Asia Pacific Studies, International Cooperation Policies, Management
宮崎国際大学	宮崎県	100	International Liberal Arts (Undergraduate)

出典:JASSO (n.d.c)　より著者が抜粋（英語開講定員 100 人以上の大学）

　なお、英語開講学位コースの募集定員が 100 人以上の大学を見ると、全学生数が比較的少ない中小規模の大学も見られる。特に地方都市に立地する大学のなかには、英語開講学位コースに特化し、積極的に留学生を受け入れている例も見られる。これらの英語開講コースの受講生の多くは韓国や中国など非英語圏の出身者が多いが、インドやスリランカ、マレーシア、インドネシアなど日本の大学で受け入れ数が比較的目立たなかった非漢字圏からの留学生も少なくないようである。

8.4　英語開講コースに関する今後の展望

　前節では留学生が学位を修得できるコースについて述べてきたが、日本における英語開講コースには他にも交換留学生等を対象とした滞在期間が 1 年未満のプログラムが多数存在する。しかし、就学期間が短い場合学生ビザが不要なケースもあるので、現在日本全国で行われている短期留学プログラムの総数や実際の参加学生数を全て把握するのは難しい。ただし、JASSO による短期留学に関する全国規模のアンケート調査が行われてい

るので、ここで参考まで紹介したい（表 8-2）。

表 8-2　英語開講による短期プログラム (2008)

大学	プログラムの長さ	募集定員	学習内容
九州大学 Japan in Today's World Program	10 か月 Fall term (Begins in Oct) Spring term (Begins in Apr)	40	1. Japanese Language Courses 2. All classes offered by the university but Business School, Medicine, Pharmacy and Dental Science. Permission from the coordinator is required to take other than JTW classes.
九州大学 Asia in Today's World Program	6 週間 (Begins in late June)	60	1. Japanese Language Courses
桜美林大学 Reconnaissance Japan Program	1 学期または 10 か月 Apr/Sep	120	1. Japanese, Japanese Culture 2. All the classes offered by J. F. Oberlin University
早稲田大学 One-Year Study Abroad Program at the School of International Liberal Studies (SILS)	1 年 Late Sep. 2008	200	1.Japanese 2.Life, Environment, Matter, Information, Philosophy, Religion, History, Economy, Business, Governance, Peace, Human Rights, International Relations, Communication, Expression, Culture, Mind and Body, Community
立命館アジア太平洋大学 Semester/Year Study Abroad Program	5-11 か月 (Spring Sem begins Apr; Fall Sem begins Oct)	40-70	1.Japanese Language 2.All classes offered by the university (some restrictions)
立命館アジア太平洋大学 Summer APU Gateway Program	2 か月 (Begins in Jun)	20	1.Japanese Language 2.All classes offered by the university

出典：JASSO (n.d.d) "Short-term Study Programs" http://www.jasso.go.jp/ study_j/documents/short_term.xls, Accessed June 26, 2009　より著者が抜粋（英語開講定員 50 人以上の大学）

　JASSO による調査のうち、英語で開講している事例を抜粋すると、募集定員が 50 人を超える比較的規模の大きなプログラムを有する大学がい

くつか存在する。なお、定員が少ない小規模なプログラムに関する事例の場合、この調査では著者が知っているだけでも十分網羅されていないようなので、本節では特に図式化を行わない。

　ここで紹介している調査はサンプル数が少ないので断言はできないが、短期留学では学位留学と異なり、英語を用いながら基礎的な日本語や日本事情などを教えることが多いようである。いくつかのプログラムでは提携校からの留学生だけでなく、所属大学の日本人学生も共に履修可能であり、良好な国際交流の場となっている。なかには提携校以外の私費留学生や正規生ではない地元日本人による科目等履修生を広く募集し、十分採算が取れるほど成長した魅力的なプログラムも見られる。

　短期留学のビジネス化は日本ではまだ珍しいかもしれないが、いくつかの英語圏の国々では個々の教育機関の問題だけでなく、すでに社会現象として顕在化している。たとえばオーストラリアの場合、語学研修や修学旅行などを目的とした国際教育観光客は2006年には32万8,000人に達した（TRA 2007: 1）。この数は同国における同年のインバウンド観光客の7%に過ぎないが、参加者1人あたり1万3,000豪ドル弱の高い消費があるため、インバウンド観光消費の33%を占めている（TRA 2007: 5）。同国における同年の国際教育観光市場は40億豪ドル規模にまで成長し、さらなる発展が続いている（TRA 2007: 1）。

　オーストラリアはアメリカ合衆国やイギリスと比べると留学生受け入れの点では後発的である。オーストラリアで私費留学生の受け入れが活発になったのは1980年代後半の高等教育における規制緩和以降であり、特に財政基盤の弱い新設大学にとって私費留学生の受け入れは重要事項であった。しかしながら、同国における新設大学はアメリカ合衆国やイギリスの伝統的な大学ほど知名度が高くないことが多い。そのため、第6章で述べたように、オーストラリアでは編入プログラムや語学研修、大学主催のスタディツアーなど、通常の学位留学より期間が短く、参加しやすい教育プログラムが発展した。学位を伴わないプログラムの開発は地道ではあるが、大学にとって副収入になるだけでなく、所属学生の国際交流活性化や将来における優秀な人材獲得など、いくつかのメリットも挙げられる。

第8章　非英語圏における英語開講プログラムの発展

　日本とオーストラリアでは日常言語の違いがあるので、一概には英語開講プログラムの比較をすることが難しいが、シナリオとして既存の強い点を結びつける可能性を考えることならばできる。たとえば英語を用いた日本事情関連の短期プログラムはいくつかの大学で十分な蓄積がある。海外の提携校の学生を対象とした日本関連のスタディツアーも小規模なものならば少なからぬ大学で行われている。これらの魅力的な教育コンテンツを活用し、プロモーション活動やネットワーク作りなどオーストラリアで商業的に成功した教育観光の手法を導入すれば、日本においても規模の拡大は不可能ではない。

　今まで述べてきたように、非英語圏において英語開講による学位コースの設立が著しいが、日本でも近年その兆候が見られる。英語開講による学位コースを有する大学はもはや大都市圏だけでなく、北海道から沖縄まで見られる。さらに募集定員が 100 人を超える英語開講による大規模な学位コースもまた東京だけでなくいくつかの地方でも見られるようになった。

　しかしながら、非英語圏において大規模な英語開講学位コースをいきなり立ち上げるのは困難である。たとえ英語圏であっても留学生の受入数を急増させることは容易ではない。留学生受け入れに関して世界的に知られているオーストラリアであっても、80 年代後半から編入プログラムやスタディツアーを地道に開発し、現在に至っている。

　他方、日本において英語を用いた学位コースの開発が今まで難しかった大学であっても、短期留学ならば比較的取り組みやすく、少人数プログラムから段階的により規模の大きなコースへ発展させることは現実的である。あくまでも独創的で優れた教育コンテンツを持っていることが前提条件であるが、英語開講による試行的な小規模プログラムの新規参入や既存プログラムの段階的拡充、さらに経営上注目に値する大規模コースへの長期的な視点を持った拡大策は、たとえ非英語圏であっても十分期待できよう。

109

参考文献

朝水宗彦（2007）「インバウンド産業としての教育」『日本観光研究学会全国大会学術論文集』22,173-176 頁

Ecole hôtelière de Lausanne（n.d.）"Homepage", http://www.ehl.edu/eng, Accessed July 2, 2009

JASSO (n.d.a) "Trends in Number of International Students by Institutional Type (as of each May 1)", http://www.jasso.go.jp/statistics/intl_student/data08_e.html, Accessed June 30, 2009

JASSO (n.d.b) "Number of International Students by Region and Prefecture of Japan", http://www.jasso.go.jp/statistics/intl_student/data08_e.html, Accessed June 18, 2009

JASSO (n.d.c) "UNIVERSITY DEGREE COURSES OFFERED IN ENGLISH", http://www.jasso.go.jp/study_j/documents/degree_english_2008_2.xls, Accessed April 18, 2009

JASSO (n.d.d) "Short-term Study Programs" http://www.jasso.go.jp/study_j/documents/short_term.xls, Accessed June 26, 2009

オーストラリア政府観光局（2009）「でっかい教室オーストラリア」http://school.australia.jp/index.jsp, 2009 年 7 月 2 日閲覧

POSTECH（n.d.）"Homepage", http://www.postech.ac.kr/e/, Accessed July 2, 2009

坂根政男（2004）「浦項工科大学（POSTECH）に滞在して」『材料』53(7), 833-834 頁

Tourism Research Australia (2007) *Study Tourism Report,* Canberra, TRA

財団法人日本交通公社（n.d.）「ヨーロッパにおける観光教育機関について」『海外における観光教育機関に関する基礎的研究』http://www.jtb.or.jp/investigation/index.php?content_id=111, 2009 年 7 月 7 日閲覧

第 9 章

近年の留学事情とその背景

9.1 日本からの送り出しの概要

　著者の勤務先の山口大学において、留学生センターの主な業務は日本人学生の海外への送り出しと、海外からの留学生の日本への受け入れであるが、近年随分事情が変わってきた。ただし、全国的に共通した課題と山口大学の特殊事情があるため、全国的な概要について述べてから山口大学の事例を挙げたい。

　まず、日本からの送り出しであるが、いわゆる若者の「内向き」志向が叫ばれてから久しい。たしかに、文部科学省の統計によると、学生ビザが必要な留学を行った日本人の数は近年減少傾向である（図 9-1）。

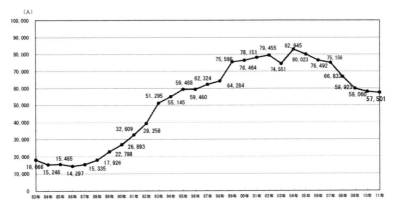

出典：文部科学省（2014）「日本人の海外留学者数」http://www.mext.go.jp/a_menu/koutou/ryugaku/1345878.htm, 2014 年 9 月 16 日閲覧

図 9-1　日本人の留学数

1　数年を有する学位留学や半年以上の交換留学の場合は学生ビザが必要だが、短期の語学研修の場合は学生ビザが不要な場合が多い。

ただし、朝水（2013）に見られるように、渡航先の多様化や若者の人口減少を差し引けば、若年層の日本人の海外旅行者や日本からの留学者の割合の減少はある程度説明がつく[2]が、若年層の海外渡航の絶対数が伸び悩んでいる点も問題であるため、国土交通省や観光庁等が2010（平成22）年から支援している「若者旅行（若旅）[3]」、文部科学省やJASSO等が2013（平成25）年からバックアップしている「トビタテ！留学JAPAN[4]」など、国を挙げて海外渡航を促す取り組みが実施されている。「トビタテ！留学JAPAN」と同様に、山口大学でも2014（平成26）年から「はばたこう！山口から世界へ」による渡航費援助を行っている。

　若者の「内向き」志向に関する言論のうち、その根拠となる既存の概念そのものに問題がある場合もある。観光庁の調査によると、海外ボランティアや就職に直結する職業体験プログラムなど、「費用対効果」が高い旅行は若者にとって人気が高い[5]。つまり、旅行そのものが目的ではなく、旅行をすることによって得られるものが現在の若者にとって重要である。観光庁は授業の副教材として「若旅★授業」のDVDを各大学に配布しているが、海外旅行がその後の就職や起業に及ぼした影響を扱ったインタビューを多数収録している。

　同じような傾向は留学でも見られ、「トビタテ！留学JAPAN」でも従来型の留学に加え、海外インターンシップもまた渡航補助の対象になっている[6]。同様に、山口大学でも海外インターンシップやフィリピンでの英語研修など、人気の高いプログラムがある一方、既存の交換留学や語学研修

2　朝水宗彦（2013）「日本における若者の内向き志向に関する多様な見解」『山口経済学雑誌』62(1), 51-67頁

3　観光庁（2014）「若者旅行の振興」http://www.mlit.go.jp/kankocho/page05_000047.html, 2014年9月16日閲覧

4　JASSO（2014a）「トビタテ！留学JAPAN」https://tobitate.jasso.go.jp/, 2014年9月16日閲覧

5　観光庁（2014）前掲稿

6　JASSO（2014a）前掲稿

第9章　近年の留学事情とその背景

プログラムの中には参加者が十分に集まらないものも少なくない。[7]

「トビタテ！留学JAPAN」と同様に「はばたこう！山口から世界へ」も海外インターンシップが渡航補助の対象になっているので、学生のニーズを満たせるだけでなく、将来的には学生の海外での活動を統計的にも把握することができるだろう。[8]

9.2　留学生受け入れの概要

逆に、外国人による日本への留学は長期的に見れば着実に増えてきた（図9-2）。良く知られている留学生10万人計画（1983）や30万人計画（2008）に見られるように、留学生の受け入れは国を挙げて数値目標が掲げられている。

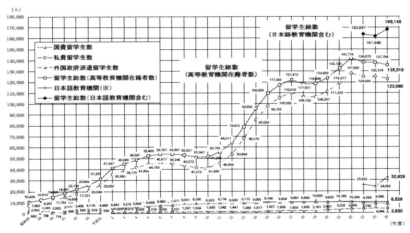

出典：JASSO（2014b）『平成25年度　外国人留学生在籍状況調査結果』JASSO，1頁

図9-2　日本における受け入れ留学生数の推移

7　統計的に把握するのは難しいが、俗に「教育観光」と呼ばれる短期のプログラムの人気が高まっている。例えばフィリピンの個別集中英語プログラムや香港の職場体験などは2013年時点で山口大学が大学間協定を有していないのにもかかわらず、筆者の知っている限りでも年間60人程度の学生が参加している。

8　「はばたこう！山口から世界へ」以前の2012年から留学生センターによる海外研修の渡航費援助もあったが、年間40万円程度の予算だったため、十分に学生のニーズを満たせなかった。

113

一般的に日本への留学生数の増減は入管制度に左右されることが多いと言われるが、2011（平成23）年の東日本大震災直後には各国政府による送り出しの制限も見られた。マクロ的な入管政策が留学生数の大勢を左右するが、他方では少子高齢化と18歳人口の減少は日本の多くの高等教育機関にとって大きな問題である。そのため、いくつかの私立大学では優秀な人材を獲得するために、あるいは私学助成金を確保するために、積極的に留学生を受け入れるようになった。

　私学ほど急激ではないが、山口大学でも、渡日前入試や秋入学、英語開講コース、クオーター制学期など、外国人学生の受け入れに有利に働く諸制度が徐々に整備されてきた。特に経済学研究科や東アジア研究科等の大学院で実施されている英語開講の学位コースは年々受講生が増えており、2015（平成27）年度に開設された国際総合科学部のように、学部レベルでも英語基準の留学生受け入れが活性化されると思われる。

9.3　日本語学習者の重要性

　今のところ英語開講の学位コースは山口大学では有効に働いているが、実は英語コースを有していない大学でも留学生を十分集めているケースがある。たとえば日本経済大学は中国出身の日本語学習者を中心に大量の留学生を集めており[9]、2013（平成25）年度には英語コースが充実した早稲田大学に次ぐ留学生を有している（表9-1）。

　日本の大学における英語化は立命館アジア太平洋大学（APU）のような成功例もあるが、卒業単位が多い学部レベルの英語学位コースを小規模な地方大学で設置するのは様々な困難を伴う[10]。そのため、従来型ではあるが、外国人向けの日本語教育をニーズに合わせて再検討することもまた、学部レベルでは留学生の受け入れにとって重要である。

9　ただし、2014年度から同大学の経営学部に経営英語コースが設立されている。

10　逆に言えば大学院は単位が少ないので英語学位コースを比較的設置しやすい。早稲田大学やAPUは学部レベルで英語学位コースを有しているが、山口大学を含んだ地方の国立大学の英語学位コースの多くは大学院に設置されている。

第9章　近年の留学事情とその背景

　英語コースが十分整備されていない日本語基準の大学でも十分な留学生を有している要因として、個々の大学の営業努力に加え、日本語学習者の増加が挙げられる。一部の国や地域における日本語学習者の減少がマスコミを賑わせるようになって久しいが、日本語のレベルを問わなければ、全世界的にみるとバブル経済の崩壊後も日本語学習者は増えている（図9-3）。

表 9-1　大学別留学生数（2013 年 5 月現在）

学校名		留学生数	
早稲田大学	私立	3,899人	（3,771人）
日本経済大学	私立	3,385人	（3,135人）
東京大学	国立	2,839人	（2,873人）
立命館アジア太平洋大学	私立	2,420人	（2,526人）
大阪大学	国立	1,985人	（1,925人）
九州大学	国立	1,969人	（1,931人）
筑波大学	国立	1,744人	（1,681人）
京都大学	国立	1,684人	（1,664人）
名古屋大学	国立	1,648人	（1,611人）
東北大学	国立	1,435人	（1,428人）
立命館大学	私立	1,418人	（1,324人）
北海道大学	国立	1,384人	（1,347人）
日本大学	私立	1,277人	（1,378人）
慶應義塾大学	私立	1,256人	（1,203人）
東京工業大学	国立	1,255人	（1,241人）
同志社大学	私立	1,187人	（1,131人）
大阪産業大学	私立	1,127人	（1,098人）
神戸大学	国立	1,123人	（1,132人）
明治大学	私立	1,084人	（1,089人）
拓殖大学	私立	1,019人	（1,030人）
広島大学	国立	995人	（1,005人）
千葉大学	国立	884人	（961人）
横浜国立大学	国立	873人	（861人）
明海大学	私立	862人	（924人）
国士舘大学	私立	817人	（967人）
中央大学	私立	798人	（750人）
城西国際大学	私立	785人	（810人）
東京国際大学	私立	774人	（835人）
上智大学	私立	735人	（757人）
関西大学	私立	721人	（726人）

（　　）内は平成24年5月1日現在の数

出典：JASSO（2014）『平成 25 年度　外国人留学生在籍状況調査結果』JASSO,11頁

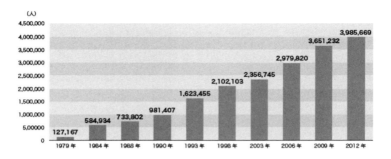

出典:国際交流基金（2013）『2012年度　日本語教育機関調査結果概要抜粋』くろしお出版,3頁

図9-3　海外の日本語学習者数の推移

　かつて、訪日留学生の出身地として、中国と韓国、台湾が知られていた。しかし、日本語学習者の国・地域別の割合は近年大きく変化しており、2012年度はインドネシアが中国に次ぐ2位だった（図9-4）。たしかに山口大学でもインドネシア出身のJDS奨学金[11]学生が大学院の英語学位

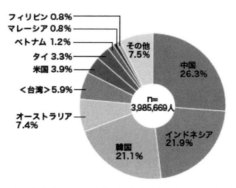

出典:国際交流基金（2013）『2012年度　日本語教育機関調査　結果概要抜粋』くろしお出版,7頁

図9-4　国・地域別学習者数の割合（2012年）

11　JICAが提供する無償奨学金「Japanese Grant Aid for Human Resource Development Scholarship」の略称。

コースを中心に増えているが、同国の人口は増加中で、なおかつ若年層の割合が高いことから、日本語学習者の私費留学もマーケット的には大いに期待できる。

とはいえ、日本語別科を有する私立大学とは異なり、山口大学を含む地方の国立大学の留学生センターは日本語教員が少なく、日本語能力が十分ではない私費留学生を大量に受け入れる余裕はない。つまり、国策として東京外国語大学や大阪大学等で重点的に日本語を学んだ国費留学生[12]、および個々の海外の協定大学から交換留学生として来日してくる学生は十分対応できるが、日本語別科を有する私立大学のように日本語が初級・中級レベルの留学生を大量に受け入れ、例えば上級レベルになってから学部の3年次に編入させるということは、現状の山口大学では限られた人的資源上困難である[13]。

他方、先述のインドネシアに加え、タイ、ベトナム、マレーシア、フィリピンなどの東南アジア諸国でも日本留学試験（EJU）を実施している。中等教育における修学年数の違いから制度的に受験が困難な国もあるが、東南アジア諸国はJASSOの日本留学フェア[14]等に参加している大学が比較的少ないので、EJUのスコアの高い学生を獲得できる可能性も高いだろう。特にインドネシアとマレーシア、ベトナムは2014年5月現在すでに山口大学における国別留学生数の2位と3位、7位を占めており、タイも重点連携国として全学的に注目されている（表9-2）。

12　国費留学生の場合、拠点校である東京外国語大学や大阪大学で日本語の研修を受けた後、希望する日本各地の国立大学で学ぶことができる。ただし、首都圏の大学や旧帝大の人気が高いため、いくつかの地方の国立大学は拠点校を会場とした大学紹介にて政府観光局並みの活発な広報活動を行っている。

13　ただし、集中講義であるサマープログラムは例外で、協定校以外の出身者を含めた年間40人前後の日本語研修生を山口大学では受け入れている。

14　山口大学の留学生センターは毎年韓国と台湾のJASSO日本留学フェアに参加している。こちらは国立大学だけでなく、公立大学や私立大学、専門学校、地方自治体等もプロモーション活動を行っている。一般的に地方大学のブースは来客が少ないが、筆者が2012年度から担当している台湾のJASSO日本留学フェアでは琉球大学と大分大学が魅力的なグッズを無料で配布していたこともあり、例外的に多数の訪問者を呼び込んでいた。なお、東南アジア出身学生の増加に伴い、2015年度からはタイのフェアにも参加している。

ただし、EJUのスコアが高くてもすぐに日本の大学の授業に適応できるとは限らない。さらに、シンガポールを除くと、EJUを実施している東南アジアの国々の多くは韓国や台湾ほど一人あたりのGDPが高くない。そのため、受験生の負担が少ない渡日前入試と渡日前学習指導が授業料の減免や奨学金の拡充と同様に、優秀な学生を受け入れるためのカギになると思われる。

表 9-2　山口大学における国別留学生（2014 年 5 月現在）

国・地域	学部学生	大学院生	研究生・その他	合　計
中国	15	99	28	142
インドネシア		37	1	38
マレーシア	17	11		28
台湾		6	15	21
韓国	4	3	5	12
バングラデシュ		10	2	12
ベトナム	3	10		13
タイ		4	5	9
英国		1	3	4
エジプト		4		4
ウクライナ		1	1	2
ネパール		2		2
フィリピン		1		1
アメリカ合衆国			1	1

国・地域	学部学生	大学院生	研究生・その他	合　計
ラオス		2		2
東ティモール		2		2
イラン		2		2
アフガニスタン		2	4	6
ケニア	1	1		2
ウガンダ	1	1		2
インド		1		1
ミャンマー		1		1
オーストラリア			2	2
ガボン		2		2
ドミニカ	1			1
タンザニア			1	1
ブラジル			1	1
計	41	202	70	313

出典：山口大学（2014）「学報」5 月号,http://www.yamaguchi-u.ac.jp/info/_3120/_3508/_3592.html, 2014年 9 月 18 日閲覧

9.4　留学に関する今後の展望

　以上、全国的な動向を踏まえながら、山口大学における近年の留学事情について述べてきた。まず、日本人学生の送り出しだが、従来のプログラムに十分学生が集まらない場合がある一方、就職や資格獲得等に有利に働く「費用対効果」の高いプログラムは日本人学生にとって人気が高い。国の「トビタテ！留学JAPAN」や山口大学の「はばたこう！山口から世界へ」は従来型の留学だけでなく、人気の高い海外インターンシップ等も対象になるので、今後の展開が期待できそうである。

　　日本における留学生の受け入れは、近年では英語開講コースが全国的に注目を浴びている。英語開講コースは山口大学でもすでに大学院レベル

では実績があり、2015（平成27）年度以降は学部レベルでも発展が期待
される。特殊な大学を除き、すべてのコースを英語化することは困難であ
るが、総合大学にとって一部のコースを英語化することは将来的には妥当
なことであろう。

　ただし、英語話者ほどは多くはないが、日本語学習者の数も世界的には
いまだに増加しているため、日本語開講プログラムの見直しも留学生受け
入れにとって重要である。日本と同様に韓国と台湾は少子高齢化が進み、
中国でもいずれ深刻化すると思われるが、東南アジアの多くの国々は人口
の増加が続いており、若年層の割合も高い。日本語学習者を分析し、的確
にターゲットを絞れば、英語開講コースや日本語別科の設置が困難な小規
模校であっても当面は留学生の受け入れが可能であろう。

参考文献

朝水宗彦（2013）「日本における若者の内向き志向に関する多様な見解」『山口経済学雑誌』62(1), 51-67 頁

JASSO（2014a）「トビタテ！留学 JAPAN」https://tobitate.jasso.go.jp/, 2014 年 9 月 16 日閲覧

JASSO（2014b）『平成 25 年度　外国人留学生在籍状況調査結果』JASSO

観光庁（2014）「若者旅行の振興」http://www.mlit.go.jp/kankocho/page05_000047.html, 2014 年 9 月 16 日閲覧

国際交流基金（2013）『2012 年度　日本語教育機関調査　結果概要抜粋』くろしお出版

文部科学省（2014）「日本人の海外留学者数」http://www.mext.go.jp/a_menu/koutou/ryugaku/1345878.htm, 2014 年 9 月 16 日閲覧

山口大学（2014）「学報」5 月号 ,http://www.yamaguchi-u.ac.jp/info/_3120/_3508/_3592.html, 2014 年 9 月 18 日閲覧

第 10 章

教育旅行に関する文献研究

10.1 修学旅行に関する諸研究

　教育旅行には国内と国外、短期と長期、生徒と学生など、場所や期間、対象などで大きな違いがある。すべて扱えば膨大になるので、ここでは教育旅行のうち、主に国際移動を伴うものについて述べる。教育旅行といえば、日本で最もなじみの深いのは修学旅行であろう。修学旅行に関する調査を行う団体も日本には少なからず見られる。

　たとえば、修学旅行関連の全国組織である日本修学旅行協会は 1952（昭和 27）年に設立された。同協会は「全国小学校修学旅行の実態」、「全国中学校修学旅行の実態」、「全国高等学校修学旅行の実態」、「海外教育旅行及び訪日教育旅行調査」など、修学旅行に関わる調査を行い、これらのデータを公開している（日本修学旅行協会 n.d.: web）。

　1955（昭和 30）に設立された全国修学旅行研究協会は修学旅行情報センターを有しており、「海外（国内）修学旅行・海外研修実施状況調査報告」や「修学旅行実施基準」などの調査を報告している（修学旅行情報センター n.d.: web）。

　近年では、海外修学旅行に関する専門家による研究も数多く見られる。たとえば、足立（2006）は海外修学旅行に対する学校教育現場からのニーズに関するアンケート調査からオーストラリアの優位な点を導き出した。南出（2010）は日本の高校生がオーストラリアへ修学旅行へ行く際の航空事情（特にケアンズとゴールドコースト）の重要性について指摘している。大畑（2012）は日本の高校生が海外修学旅行（中国、アメリカ、オーストラリア、フランス、イタリア）の前後に異文化学習の動機づけがどのように変化するのか調査した。箱石（1996）は地理や歴史など社会

科教育の視点から、高校生の海外修学旅行を評価している。

10.2　研修旅行に関する諸研究

　なお、教育旅行は修学旅行だけでなく、語学研修など、大学生による教育目的の旅行も含まれる。4節でも述べるが、交換留学など現地での学位を目的としない海外渡航もまた教育旅行として扱われることが多い。

　TOEFLやTOEICなどの英語試験で良く知られている国際教育交換協議会CIEE（Council on International Educational Exchange）は前身のCST（Council on Student Travel）の時代、1965（昭和40）年に日本支部を設立し、語学研修のマニュアルや報告書などの出版事業を行うようになった。さらに同協議会は1995（平成7）年には「国際ボランティアプロジェクト」を開始している（CIEE n.d.: web）。日本に本部を置く団体では、1983（昭和58）年に大手留学情報誌の『留学ジャーナル』が創刊された（留学ジャーナル n.d.: web）。

　大学生の海外研修に関する専門家による研究や事例報告も少なからず見られる。たとえば黒崎（2012）は国際理解教育の視点から、短期海外研修の意義について述べている。牟田（2010）は10日間のきわめて短い短期プログラムでも、異文化理解など、英語学習以外に得られる様々な効果について検証している。羽白（2009）は勤務先の大学における海外研修プログラムの10年間の変遷から、海外修学旅行経験者の増加など、参加学生の変化について言及している。

　短期プログラムを実施する上で、事前学習や現地での密度の高い活動、事後の学習が重要である。松田（2012）は語学研修やホームスティなど、分野別に海外研修の意義や問題点について検証している。さらに松田（2007）は勤務先の海外研修旅行の事前研修の効果についてアンケート調査をもとに考察している。松村（2014）は海外研修中に現地で実施するワークショップの有用性について述べている。大橋他（2014）は日本の大学生がフィンランドにおいて現地の学生と英語を交えながらフィールドワークを行う（当該論文では「キャンプ」と表現）事例から、キャンパス

外教育の学習効果について研究した。外国人を日本で受け入れる時も同様
の問題があり、田中と柴垣（2007）は短期プログラムにおける渡日前教
育の重要性について述べている。

　近年、日本の若者の海外離れが問題視されているが、その対策につい
ても研究が行われている。たとえば諏訪（2013）は海外研修に行かない
学生についてその要因を調査している。森際と鹿島（2011）は海外旅行
が初めての学生にとっての海外研修の意義について述べている。黒宮他
（2016）は日本の大学から交換留学や語学研修で海外に渡航する学生の不
安など、心理的な阻害要因について調査している。金杉と猪池（2012）
は勤務先の大学における海外研修参加者の現象について言及している。さ
らに、猪池と金杉（2015）は海外研修の活性化のため、外部の教育機関
や旅行業者の事例を用いながら改善策を提言している。

10.3　国際ボランティアに関する諸研究

　詳しくは第9章で述べたが、若者の海外離れに関する様々な論説は必ず
しも正しいとは言い切れない。日本の人口減少による学生の絶対数の減少
や留学以外にも海外で学ぶプログラムが多様化していることに対して統計
調査が追い付いていない現状などを考慮する必要がある。たとえば先述の
CIEEの活動の中に国際ボランティアが含まれているように、教育旅行の
対象自体が必ずしも高校生や大学生ではない。社会人が実体験を通して見
聞を広めることも教育旅行として考えられる。

　国際ボランティアは専門家による医療や災害復興などのイメージが強い
が、教育や文化活動、緑化などの分野では専門家以外の参加も幅広く行わ
れている。日本でもHISのWebサイトに国際ボランティアの商品が並ん
でいるように、国際ボランティアは学生、社会人を問わず、多くの人にと
ってすでに身近な存在である（HIS n.d.: web）。

　国際ボランティアについての研究は様々な視点から少なからず見られ
る。先述のCIEE関連の事例では、黒瀬（2011）によると、日本人の国際
ボランティアの送り出しだけでなく、外国人ボランティアの日本受け入れ

123

の活動も行っている。出口と八島（2009）もまた、CIEEによる、日韓露の協働作業によるサマーキャンプ受け入れのボランティア活動について事例を報告している。さらに、八島（2009）は英語力の向上の視点から、CIEEの国際ボランティアの教育的な効果を評価している。

　国際ボランティアの多様化、特に非専門職のボランティア活動について、様々な視点から研究が行われている。岸と吉田（2014）は国際ボランティアを受け入れる団体の変遷について調査している。中嶋（2011）は大学生によるJICAの海外プロジェクトサイトの訪問事例から「学士力」の向上について言及している。久保（2002）は勤務先の高校生によるフィリピンでの緑化活動について活動内容を報告している。

　ボランティア目的の訪問は俗にボランティア・ツーリズム、またはボランツーリズムと呼ばれるが、依田（2011）は欧米諸国の高等教育機関によるギャップ・イヤー制度とボランティア・ツーリズムの関係について言及し、その後の関連する研究の変遷について述べている。大橋（2012）はボランティア・ツーリストの変容に伴うボランティア・ツーリズム研究の世界的な動向についてまとめている。

　なお、善意で行われた国際ボランティア活動による弊害についても報告が行われている。山口他（2003）は国際ボランティア活動の主催者の意図が参加者に十分伝わっていない問題点を指摘している。伊藤（2008）は日本の大学における開発途上国研修の過剰な参加が現地の受け入れ団体の業務を圧迫している問題点について言及している。児玉と小長谷（2008）は乾燥地帯における植林ボランティアにおいて、地元に暮らす人々の生活環境が脅かされてしまう問題を指摘している。

10.4　留学産業に関する諸研究

　教育旅行に隣接した分野として、留学がある。修学旅行が時代と共に変化したように、留学も大きく変わってきた。Ashikaga（2003）は日本からの留学について、明治時代からの歴史的な変遷をまとめている。邢（2003）は日露戦争後の中国から日本への留学について歴史的な背景を考

察している。寺倉（2009）は第二次世界大戦直後のエリート教育としての留学から現在の留学生30万人受け入れ計画まで、各国と比較しながら日本の留学政策の変遷についてまとめている。

　戦前の高等教育はエリート教育であったが、戦後は各国で高等教育の大衆化が進んだ。そのため、世界的に留学生の数が増大し、それに関する調査や研究もまた増加した。留学生に関する調査の増大に対し、UNESCO（2003）は留学や学生の国際移動に関する研究の文献目録を出版している。さらに、UNESCO（2010）は『GLOBAL EDUCATION DIGEST』のなかで、学生の国際移動の急速な拡大について扱っている。留学生の国際移動は近年では特にアジア太平洋地域で著しく伸びている。そのため、UNESCO（2014）は『Higher Education in Asia』の中で、アジア各国の高等教育における人的な移動について少なからぬ部分を割いている。

　元々UNESCOや西ヨーロッパ、北アメリカの国々は高等教育機関で学位留学を行う者を統計調査の対象としてきた。しかし、詳しくは第6章で述べたが、留学市場に新たに参入してきた国々にとって短期留学はマーケット的に重要である。British Council（2006）はオーストラリアやニュージーランドなど、元々留学生の主要な受け入れ先でなかった国々が、語学研修生を大量に受け入れている現象について報告している。アメリカのIIE（Institute of International Education）のChow（2012）もまた、アメリカとオーストラリアの留学生受け入れの比較から、短期教育プログラムの調査の重要性について述べている。

　オーストラリア政府のDepartment of Education and Training（2015）の報告に見られるように、同国では大学だけでなく、職業訓練（vocational education and training：VET）や語学研修（English Language Intensive Courses for Overseas：ELICOS）分野での留学生受け入れが著しい。柏木（2014）は、オーストラリアのブリスベン市の大学がシドニーやメルボルンなど著名な大学を有する大学より留学生の割合が高い理由の一つとして、俗に「教育観光」と呼ばれる短期プログラムが学位留学のマーケティングにつながっていることを挙げている。

　このような短期教育プログラムの急速な発展に対し、オーストラリア

のような当事国を除けば、統計調査が十分追い付いていなかった。しかし、小林（2008）は基礎研究として、UNESCOやOECD、EUROSTATなどの既存の統計調査を参考に、各国における「留学生」（この場合international student）や「外国人学生」（この場合foreign student）などの統計上の定義の違いについて報告している。武田（2006）はUNESCOやアメリカのIIEの報告書を用いながら、日本の留学政策の問題点について長期的な視野から考察している。国立大学協会国際交流委員会（2007）もまた欧米主要国のデータを元に調査を行っているが、同時にオーストラリアの短期留学生の受け入れについてベンチマークを行っている。

　オーストラリアの例に見られるように、現在の留学生は国際交流だけでなく、受け入れ国の外貨収入の点からも重要である。しかし、英語が圧倒的に普及した現代では、非英語圏への留学生受け入れは英語圏よりも不利である。そのため、詳しくは8章で述べたが、非英語圏でも英語開講プログラムが急速に発展していった。Ishikawa（2007）は日本の大学における短期受入れプログラムの変遷について、特に英語プログラムの視点からまとめている。

参考文献

足立浩一（2006）「オーストラリアの海外教育旅行目的地としての優位性に関する研究」『福山大学経済学論集』30，199-215頁

Ashikaga, Michiya（2003）"A Historical Sketch of Overseas Study of the Japanese People", *Journal of Health and Welfare*, 4, pp.41-49

British Council（2006）*A review of the global market for English language courses*, British Council

Chow, Patricia（2012）*U.S. and Australian International Student Data Collection,* Institute of International Education（IIE）

CIEE（n.d.）「日本支部のあゆみ」http://www.cieej.or.jp/ciee/history.html, 2016年9月16日閲覧

出口朋美，八島智子（2009）「国際ボランティア・プロジェクトにおける異文

化問相互作用の分析」『多文化関係学』6，37-51 頁

Department of Education and Training（2015）*International Student Survey 2014,* Australian Government

箱石匡行（1996）「修学旅行と人間形成」『岩手大学教育学部附属教育実践研究指導センター研究』6，19 － 30 頁

羽白洋（2009）「ドイツ研修旅行アンケートに見る学生像の変遷」『香川大学教育研究』6，75-80 頁

HIS（n.d.）「国内海外スタディツアー」http://eco.his-j.com/volunteer/, 2016 年 9 月 20 日閲覧

猪池雅憲，金杉高雄（2015）「グローバル研修の活性化に向けて」『太成学院大学紀要』17，11-20 頁

Ishikawa, Claudia（2007）"NUPACE: Ten Years down the Road"『名古屋大学留学生センター紀要』5、pp.117-129

伊藤由紀子（2008）「日本の大学における開発途上国研修の課題」『ボランティア学研究』8，143-163 頁

金杉高雄, 猪池雅憲（2012）「海外研修の活性化に向けて」『太成学院大学紀要』14，37-41 頁

柏木翔（2014）「戦略的マーケティング理論による観光的側面からの留学インバウンドマーケティング」『日本国際観光学会論文集』21，113-119 頁

邢永鳳（2003）「危機中の探索－近代中国人の日本留学についての一考察」『East Asian Forum』12，8-10 頁

岸麿貴子，吉田千穂（2014）「海外ボランティアを受け入れる NGO ／ NPO の動機と受け入れ体制の変化」『多文化関係学』2014.11，53-66 頁

小林明（2008）「留学生の定義に関する比較研究」横田雅弘編『大学等における年間を通じた外国人留学生受入れの実態に関する調査研究』一橋大学，111-123 頁

児玉香菜子, 小長谷有紀（2008）「植林ボランティアにおける「緑化思想」の解体」『ボランティア学研究』8，5-18 頁

久保哲成（2002）「海外ボランティア研修旅行の実践」『教職教育研究』7，85-91 頁

黒宮亜希子，橋本由紀子，金沢真弓（2016）「海外留学に臨む大学生の実態と課題について」『吉備国際大学研究紀要（人文・社会科学系）』26，121-133頁

黒崎真由美（2012）「短期海外研修の教育的意義について」『湘北紀要』33，107-124頁

黒瀬聖子（2011）「「日本型ワークキャンプ」の充実のために」『ボランティア学研究』11，115-125頁

松田康子（2007）「短期海外研修の意義とその事前研修について」『名古屋文理大学紀要』7，45-50頁

松田康子（2012）「短期海外研修の成果と意義」『名古屋文理大学紀要』12，11-16頁

松村智恵（2014）「大学生の海外研修旅行中に実施するワークショップの有効性の検討」『日本国際観光学会論文集』21，77-86頁

南出眞助（2010）「日本の高校のオーストラリア修学旅行」『オーストラリア研究紀要』36，21-29頁

森際孝司，鹿島我（2011）「女子短期大学における海外研修制度に関する一考察」『京都光華女子大学短期大学部研究紀要』49，35-56頁

牟田美信（2010）「生活体験型短期海外研修の取組みと、その効果の検証」『研究紀要』22，67-75頁

中嶋真美（2011）「「国際協力教育」と学士力養成」『玉川大学文学部紀要』52，175-188頁

日本修学旅行協会（n.d.）「ホームページ」http://www.jstb.or.jp/, 2016年9月16日閲覧

大橋香奈，大橋裕太郎，加藤文俊（2014）「海外での教育観光プログラムのデザイン」『Journal of Quality Education』6，121-137頁

大橋昭一（2012）「ボランティア・ツーリズム論の現状と動向」『観光学』6，9-20頁

大畑京子（2012）「日本人高校生の海外修学旅行と異文化意識変化」『多元文化』12，1-18頁

留学ジャーナル（n.d.）「沿革」http://www.ryugakujournal.com/company/, 2016年

9 月 16 日閲覧

国立大学協会国際交流委員会（2007）『留学制度の改善に向けて』国立大学協会

修学旅行情報センター（n.d.）「修学旅行ドットコム」http://shugakuryoko.com/, 2015 年 9 月 16 日閲覧

諏訪純代（2013）「なぜ本学の海外研修参加者が少ないのか」『岡崎女子短期大学研究紀要』46，41-44 頁

武田里子（2006）「日本の留学生政策の歴史的推移」『日本大学大学院総合社会情報研究科紀要』7，77-88 頁

田中京子、柴垣史（2007）「世界で活躍できる学生たちの教育をめざして」『名古屋大学留学生センター紀要』5，68-74 頁

寺倉憲一（2009）「留学生受入れの意義」『レファレンス』 2009. 3，51-72 頁

UNESCO（2003）*Internationalization and Globalization in Higher Education*, UNESCO

UNESCO（2010）*GLOBAL EDUCATION DIGEST 2010*, UNESCO

UNESCO（2014）*Higher Education in Asia*, UNESCO

山口洋典，増田達志，関嘉寛，渥美公秀（2003）「状況的関心で参加するエコツアーの環境教育効果」『ボランティア学研究』4 .53-81 頁

八島智子（2009）「海外研修による英語情意要因の変化：国際ボランティア活動の場合」『大学英語教育学会紀要』49, 57- 69 頁

依田真美（2011）「ボランティアツーリズム研究の動向および今後の課題」『国際広報メディア・観光学ジャーナル』12，3-19 頁

130

索引

アルファベット

C
COP10 43

E
ELICOS 72,87,88

J
JDS奨学金 116

M
MICE 17

S
SIT 119

U
UNWTO 10, 12

かな

あ
アウトバウンド 14, 15, 25
アボリジニ 84

い
移民 81, 91
インバウンド 14, 15, 16, 24, 30, 35, 65

う
ウェルカムプラン21 31

え
英語開講学位コース 106
英語開講プログラム 99
エコツーリズム 19, 35
エスニック政策 81

エスニック・ツーリズム 84

お
オーストラリア政府観光局 83
オリンピック 9

か
海外修学旅行 59, 65
海外インターンシップ 112
外国人観光旅客 34
学生ビザ 13, 74
観光基本法 26
観光資源 28
観光ビザ 13
観光立国 34
観光立国推進基本法 33

き
教育旅行 66

く
グランドツアー 39
グリーンツーリズム 35
グリーンツーリズム法 28

こ
高度人材獲得モデル 93
国際交流 34
コンベンション 17
コンベンション法 30

さ
参宮旅行 41

し
ジャパン・ツーリスト・ビューロー 23
修 学 旅 行 9, 19, 40, 55, 57,

62

集客　9

シンガポール・アンリミテッド　95

シンガポール政府観光局　94

す

スタディ・ツアー　85

頭脳流出　92

せ

世界遺産条約　28

た

短期留学　13

体験型修学旅行　43

第5次全国総合開発計画　29

多文化主義政策　81

多民族国家　91

つ

ツイニング・プログラム　77

通訳ガイド　36

て

テンミリオン計画　27, 42

と

東京オリンピック　25

東洋のアイビーリーグ構想　92

トビタテ!留学JAPAN　112

な

難民　81

に

日本学生支援機構　101

日本国際教育大学連合　77

日本政府観光局　36

日本留学試験　117

の

農家民泊　43

農山漁村活性化法　29

は

白豪主義政策　83

ひ

日帰り訪問者　10

ビジット・ジャパン・キャンペーン　33

ふ

ファームステイ　9

ほ

訪問者　11

ボランティア・ツーリズム　124

ま

マイノリティ文化　83

マレー系　91

満鮮修学旅行　41

よ

余暇活動　23

り

リゾート法　27

留学生　12, 66, 72, 82, 114

留学生10万人受け入れ計画　70

留学生受入数　71, 99

留学生センター　111

ろ

ローザンヌ・ホテルスクール
99

わ

ワーキング・ホリデー・ビザ
13, 69
若者旅行　112

著者略歴

朝水宗彦　博士（学術）
1969年生まれ
秋田大学教育学部社会科卒業
桜美林大学大学院国際学研究科修了
北海学園北見大学商学部専任講師
立命館アジア太平洋大学アジア太平洋学部専任講師を経て
現在　山口大学大学院東アジア研究科准教授
その他青山学院女子短期大学、東京農業大学、久留米大学，広島修
道大学等で非常勤講師

主な著作
『オーストラリアの観光と食文化』学文社，1999年
『オーストラリアのエスニシティ』文芸社，2000年
『地域・観光・文化』（共編）嵯峨野書院，2001年
『多文化社会オーストラリアにおけるエスニック・ツーリズム形成過
程に関する研究』（博士論文）くんぷる，2001年
Introduction to Multicultural Tourism, Shinpusha, 2002
World Travel and Japanese Tourists, Gakubunsha, 2005
『開発と環境保護の国際比較』嵯峨野書院，2007年
Japan's Globalization (eds.), Kumpul, 2007
『アジア太平洋の人的移動』（編）オフィスSAKUTA，2008年
Global Mobility (ed.), Kumpul, 2008
Global Tourism (eds.), Kumpul, 2010
『新版　北アメリカ・オセアニアのエスニシティと文化』くんぷる，
2012年
『新版　持続可能な開発と日豪関係』くんぷる，2014年-
その他共著、論文、学会プロシーディング等多数

集客交流産業と国際教育旅行

著者	朝水宗彦
発行	(有) くんぷる
初版発行	2016 年 11 月 8 日
印刷・製本	モリモト印刷 (株)

ISBN978-4-87551-230-1　本体価格はカバーに記載しています。
本書に関するお問い合わせは、メールにて info@kumpul.co.jp 宛
にお願いいたします。